기사의 품질

한국 일간지와 해외 유력지 비교연구

기사의 품질

한국 일간지와 해외 유력지 비교연구

펴낸날 1판 1쇄 2018년 5월 3일
지은이 김경모 · 박재영 · 배정근 · 이나연 · 이재경
펴낸이 권은미
펴낸곳 이화여자대학교출판문화원
주소 서울특별시 서대문구 이화여대길 52 (우03760)
등록 1954년 7월 6일 제9-61호
전화 02) 3277-2966(편집), 362-6076(마케팅)
팩스 02) 312-4312
전자우편 press@ewha.ac.kr
홈페이지 www.ewhapress.com
책임편집 이지예
찍은곳 현문자현(주)

ISBN 979-11-5890-280-3 94300
ISBN 979-11-5890-279-7 (세트)
값 18,000원

* 잘못된 책은 바꾸어 드립니다.

이 도서의 국립중앙도서관 출판예정도서목록(CIP)은 서지정보유통지원시스템 홈페이지(http://seoji.nl.go.kr)와 국가자료공동목록시스템(http://www.nl.go.kr/kolisnet)에서 이용하실 수 있습니다. (CIP제어번호: 2018012339)

한국 일간지와
해외 유력지 비교연구

기사의 품질

한국의
저널리즘
01

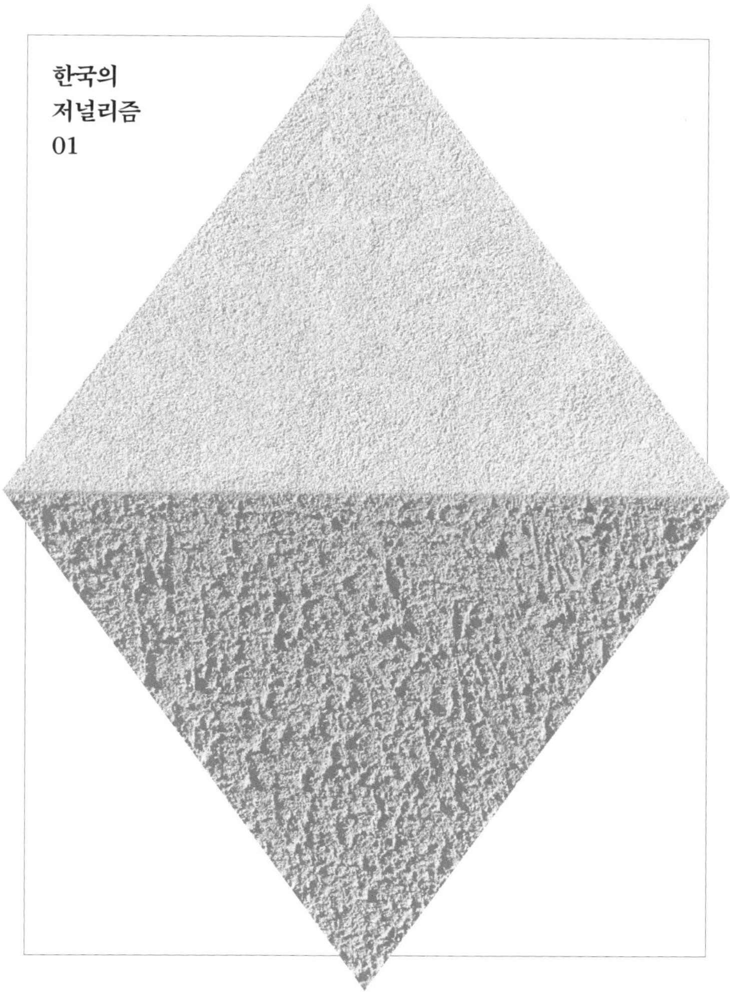

Quality Journalism

좋은 저널리즘 연구회 기획 — 김경모 · 박재영 · 배정근 · 이나연 · 이재경 지음

이화여자대학교출판문화원

| 책을 펴내며 |

요즘 신문은 수용자로부터 심각할 정도로 외면당하고 있다. 종이신문의 구독률이나 열독률은 매년 낮아지고 있다. 수용자의 미디어 이용시간에 있어서도 종이신문은 존재감이 떨어진다. 한국언론진흥재단이 조사한 바에 따르면, 수용자들이 하루에 텔레비전에서 뉴스를 보는 시간이 41.5분에 이르고, 모바일 인터넷(16.9분)이나 PC(10.2분)에서 뉴스를 보는 시간도 각기 10분이 넘는데, 종이신문을 통해 뉴스를 접하는 시간은 평균 6.5분에 지나지 않는다.[1]

위 재단의 조사에 따르면, 신문은 신뢰도 역시 다른 미디어에 비해 현저하게 낮다. 특정 사안에 대해 신문, 텔레비전, 라디오, 잡지, 인터넷 등 5개 미디어가 동시에 보도했을 경우, 어떤 미디어의 보도를 가장 신뢰하는지를 조사한 결과, 텔레비전을 꼽은 응답자가 73.2%로 압도

---

1 한국언론진흥재단(2015). 2015 언론수용자 의식조사: 제20회 미디어 환경변화에 따른 이용자 행태조사. 서울: 한국언론진흥재단, p. 168.

적으로 많고, 다음으로 인터넷(17.4%), 종이신문(8.0%), 라디오(0.8%), 잡지(0.5%) 순이었다.[2] 2016년에 모든 종류의 미디어 신뢰도가 전년에 비해 하락한 가운데 상대적으로 하락 폭이 가장 큰 뉴스미디어가 전국 종합신문이었다.[3] 종이신문에 대한 신뢰도가 징벌적 수준임을 실감할 수 있다.

신문 저널리즘의 위기는 정도의 차이가 있을 뿐이지 선진국도 크게 다르지 않다. 그래서 미국에서는 오래전인 1997년에 저명한 언론인들이 하버드 대학에 모여, 말 그대로 '저널리즘을 염려하는 위원회The Committee of Concerned Journalism: CCJ'라는 모임을 만들었다. 이 모임에서 다양한 논의가 전개되었지만 결론은 저널리즘의 기본을 충실히 지키는 것 말고는 대안이 없다는 것이었다. 이런 결론을 얻은 CCJ는 좋은 저널리즘을 구현하기 위해 구체적인 사업을 펴기로 했다. 그 결실이 메릴랜드 대학 저널리즘스쿨과 손잡고 벌이는 '우수 저널리즘을 위한 프로젝트The Project for Excellence in Journalism: PEJ'다.

PEJ는 미국에만 필요한 것일까? 상대적으로 저널리즘의 역사가 짧은 우리에게는 그런 작업이 더욱 절실하다. 그렇다면, 미국 학계에서 저널리즘 수준의 향상을 위해 지수를 개발했듯이 우리 학계에서도 상응하는 노력을 해야 하지 않을까? 물론이다. 언론 현상을 연구하고 교육하는 언론학자들이 따뜻한 조언과 전문적인 대안을 제시해야 한다. 이제 국내에 저널리즘에 관한 수준 높은 연구 업적을 내고 있는 학자도 있고, 그들 가운데 신문이나 방송에서 기자로 활동한 전력이 있는 이도 적지 않아 그런 작업을 떠안을 여력이 있는 것도 사실이다.

---

2 한국언론진흥재단(2016). 2016 언론수용자 의식조사. 서울: 한국언론진흥재단, p. 34.

3 한국언론진흥재단(2016). 위의 책, p. 180.

바로 그런 필요성에 공감한 언론학 교수 몇몇이 2016년 여름에 '좋은 저널리즘을 위한 연구 모임'을 만들었다. 구성원은 연세대의 김영석 교수와 김경모 교수, 이화여대의 이재경 교수, 숙명여대의 배정근 교수, 성신여대의 이나연 교수, 동서대의 이완수 교수, 그리고 고려대의 박재영 교수와 본인(김민환) 등 8인이다. 애초에 구체적인 조사 연구 작업은 연세대의 김영석 교수 주도로 진행하고자 했으나, 김 교수가 대학에서 중요한 보직을 맡게 되어 김 교수가 참여하고 이끄는 일은 몇 년 유예하게 되었다. 이완수 교수는 연구년을 맞아 미국에 가게 되어 이번 작업에서는 중도 하차했다.

8인 모임은 매월 한 번씩 집담회를 열어 일차로 서울에서 발행되는 전국 종합신문을 대상으로 미국의 PEJ 방식에 준하는 지수를 만들어 저널리즘을 평가하기로 했다. 『기사의 품질: 한국 일간지와 해외 유력지 비교연구』는 그 작업의 결과를 종합한 것이다. 이번에는 신문 저널리즘의 선진화를 위한 모색에 치중했으나 앞으로 방송이나 인터넷 미디어의 저널리즘의 선진화를 위해서도 필요한 작업을 해나갈 것이다. 다양한 작업이 축적되면 멀지 않은 날 우리나라 실정에 맞는 좋은 저널리즘 지수를 개발할 수도 있을 것이다.

삼성언론재단은 2017년 6월 20일 프레스센터에서 제4차 '한국저널리즘 콘퍼런스'를 열어 이 연구의 내용 분석 결과를 발표할 수 있게 해주었다. 삼성언론재단에 특별한 사의를 표한다. 이 콘퍼런스에서 이미숙 문화일보 논설위원, 정경민 중앙일보 부국장, 정남구 한겨레신문 논설위원은 토론자로서, 채경옥 매일경제 부국장(한국여기자협회 회장)은 사회자로서 수준 높은 조언과 비평을 해주셨다. 그분들께도 감사드린다.

이번 내용 분석에는 연세대학교와 고려대학교의 여러 대학원생이 참여했다. 연세대학교 커뮤니케이션대학원 박사과정 김연수 님은 분석의 모든 과정을 관리하고 초벌 분석을 수행했다. 고려대학교 대학원 언론학과 석사과정의 김수진, 유정원, 한은현 님, 연세대학교 커뮤니케이션대학원 석사과정의 김상정, 김승현, 박태하, 이승수 님은 코딩을 맡았다. 여러 대학원생들의 노고를 치하하며 마음 깊이 감사드린다.

이 모임은 조사 연구의 독립성과 순수성을 지키기 위해 구성원이 회비를 갹출했다. 이 책의 제작비 일부도 회비에서 충당했다. 어려운 여건에서도 출판을 맡아준 이화여자대학교출판문화원과 관계자 여러분께 감사드린다.

2018년 4월

좋은 저널리즘 연구회를 대표하여

김민환

| 차례 |

1장

퀄리티 저널리즘과 기사 품질 평가의 기준

한국 언론 선진화를 위한 보도지표 탐구

이재경

1. 연구의 배경

1) 한국 저널리즘의 수준은 어떠한가

반도체·디스플레이·조선·철강·자동차·게임 산업 등에서 한국 기업들은 세계 최고 수준의 경쟁력을 인정받는다. 2016년 수출 규모로만 따지면 한국의 경쟁력은 세계 7위권으로 기록됐다. 지난 세기 후반기, 치열했던 산업화·선진화 노력의 결과다. 그렇다면 여론을 이끌고 정치 과정을 감시하는 저널리즘도 이러한 산업 부문 선진화에 걸맞은 발전을 이루어왔는가?

『기사의 품질: 한국 일간지와 해외 유력지 비교연구』 작업은 이러한 질문에 대한 답을 찾아보려는 노력이다. 이 책은 지난 1년여 동안 '좋은 저널리즘 연구회'가 추진해온 연구·분석 작업을 정리한 1차 보고서다. 이 모임은 2016년 여름 김민환 교수의 제안으로 시작됐다. 2016년 7월 첫 모임에는 김민환(고려대 명예교수), 배정근(숙명여대), 박재영(고려대), 김경모(연세대), 이완수(동서대), 이나연(성신여대) 교수와 필자(이화여대) 등 7명이 참석했다. 참석자들은 한국 저널리즘의 품질 향상을 위해 일회성 연구가 아닌 지속 사업으로 한국 언론 현실에 적합한 '좋은 저널리즘 지수' 사업을 진행하기로 생각을 모았다.

'좋은 저널리즘'은 '퀄리티 저널리즘quality journalism'이라는 영어 용어를 우리말로 옮겨온 표현이다. 고급 저널리즘, 고품질 저널리즘, 고품격 저널리즘 등 대안을 고민하다가 연구진 모두가 이 용어를 사용하기로 동의했다. 좋은 저널리즘이란 말은 영미권에서 고급지 또는 권위지quality paper와 대중지popular paper의 저널리즘을 구분하던 전통에서 파생된 표현이다. 신문이 뉴스를 주도하던 시대에 만들어진 용어가 고급지, 권위지 또는 정론지였으나, 방송과 디지털 매체가 주류 전달 매체로 자리 잡은 미디어 환경의 현실을 고려해, 다양한 매체를 아우르는 좋은 저널리즘이라는, 좀 더 포괄적인 용어가 자연스레 대체 표현으로 받아들여지게 됐다.

좋은 저널리즘 연구회는 1차연도(2017년)에는 신문 저널리즘의 평가에 필요한 지수를 개발하고, 그 지수를 활용한 보고서를 만들기로 결정했다. 기본 원칙은 크게 세 가지였다. 첫 번째 원칙은 평가 대상을 서울에서 발간되는 주요 일간지 10개로 한다는 내용이다. 각 지역에서 발행되는 지역 신문들과 경제신문, 특수 일간지, 영자지, 통신사 등은 1차 분석 대상에 포함하지 않기로 했다. 연구 인력의 한계로, 분석 작업의 대상을 사회적으로 가장 의미가 클 수 있는 종합 일간지로 집중하기로 했다.

두 번째 원칙은 비교언론학적 접근법의 선택이다. 간단하게 말하면, 한국에서 발행되는 신문의 저널리즘만을 분석해서는 한국 신문의 국제적 수준을 가늠할 수 없기 때문에, 주요 선진국의 대표 신문을 분석 대상에 포함한다는 뜻이다. 이 또한 인력 자원의 제약 때문에 한국 신문의 성장 과정에 가장 밀접하게 영향력을 행사해온 신문 3개만을 선택하기로 했다. 미국의 뉴욕타임스와 일본의 아사히신문, 그리고 영국의 더 타임스가 그렇게 선택된 신문들이다.

좋은 저널리즘 연구회가 결정한 세 번째 원칙은 모든 사람이 쉽게 이해할 수 있는 계량적 지수의 개발이다. 국내 신문들 간의 차이와 해외 신문과의 비교 결과가 간결한 지표로 제시될 수 있으면, 한국 신문 저널리즘의 현주소를 정확히 인식하고, 미래의 발전 목표를 제시하는 데 효과적일 수 있다고 생각한 결과다.

2) 왜 지금 좋은 저널리즘을 이야기하는가

2016년 가을은 한국 저널리즘이 가장 빛났던 역사적 순간이었다. JTBC와 한겨레, 그리고 TV조선 등의 매체는 최순실 씨 등의 국정농단 행적을 집요하게 추적해 1970년대 초 닉슨 대통령을 하야시킨 미국의 워터게이트 보도에 비견될 수 있는 강력한 권력 감시 기능을 수행했다. 그 결과는 현직 대통령의 탄핵으로 이어졌고, 이는 다시 한국 민주주의를 한 단계 진전시킬 수 있는 역사적 전환점을 형성하는 계기가 됐다. 그러나 안타깝게도 이처럼 빛나는 저널리즘의 역할은 그에 상응하는 저널리즘 수준의 향상으로 이어지지 못했다. 한국 언론에 구조적으로 뿌리내린 고질적인 정파주의는 전혀 사라질 기미가 없다. 경영 상황이 악화되며, 온라인과 모바일에서 독자를 낚으려는 선정적 기사들은 다시 기승을 부리기 시작했다. 심지어 탄핵 국면에서조차 근거를 추정할 수 없는 가짜뉴스들이 인터넷과 SNS를 통해 수용자들의 판단력을 어지럽혔다.

필자는 2016년 국정농단 보도가 한국 저널리즘의 두 얼굴을 극명하게 보여줬다고 생각한다. 한쪽 얼굴은 비상한 용기를 가지고 권력의 치부를 추적해 결국 현존하는 대통령을 물러나게까지 한 영웅적 모습이다. 그런가 하면 다른 한쪽에서 한국 언론사들은 그 과정에서 많은 기사들을 지나치게 선정적이거나 편향적으로 보도함으로써 이해 당사자들과 독자의 신뢰를 얻지 못하고 사회적 갈등과 논쟁을 증폭시키는 불량 선동물의 모습을 지속적으로 드러내왔다.

2. 한국 저널리즘 후진성의 3원인

1) 무엇이 문제인가

왜 한국 저널리즘은 세계 언론사에 남을 만한 엄청난 성취를 이룩하고도 좋은 저널리즘이라는 평가를 받지 못하는가? 필자는 그 원인이 크게 세 가지라고 생각한다. 첫째는 한국 사회가 공유하는 저널리즘에 대한 이해 수준이 매우 저급한 점이다. 한국인들이 가장 폭넓게 공유하는 언론관은 기본적으로 도구주의instrumentalism를 바탕으로 한다(이재경, 2013). 간단히 말하면, 언론이 스스로의 고유한 가치인 민주 사회의 핵심 구성 요소로 존재하는 게 아니라, 무엇인가를 위한 수단으로,

예를 들면 군림하는 정권의 정통성 홍보 같은 기능을 수행한다는 인식이 일반화되어 있다는 뜻이다.

이러한 관찰은 한국 언론이 100여 년의 역사를 이어오며 어떻게 객관주의 철학을 정착시키지 못했는가를 분석한 김민환의 글에서도 확인할 수 있다.

> 언론사가 매스미디어를 특정한 목적을 위한 수단으로 삼는 상황에서는 객관주의가 뿌리내릴 수 없다. 언론사가 그때그때 목적을 달리해가며 매스미디어를 전략적으로 이용하려 할 경우, 객관보도를 외면하고 사실을 왜곡하기 마련이다(김민환, 2007, p. 133).

김민환은 같은 글에서, 안타깝지만 한국 언론은 식민 지배와 군사정권, 산업화를 위한 압축 성장과 민주화 과정을 거치며, 한 번도 제대로 된 객관주의 저널리즘 철학을 정착시키지 못했다고 주장했다.

2017년 후반에 진행된 KBS와 MBC 파업과 공영방송 정상화 논쟁, 박근혜 전 대통령 재판을 다루는 신문들의 정파적 접근 방식, 그리고 이러한 저널리즘 현실에 대한 제도적 대안을 고민하는 집권당과 야당들의 지독한 자당 중심 대응 방식 등은 모두 이러한 진단의 정당성을 뒷받침한다. 여기에 저널리즘 현장을 책임지는 기자들의 도구주의가 더해진다. 적지 않은 한국 기자들은 저널리즘을 자신들의 개인적 출세를 위한 수단으로 생각하는 가치관을 당연하게 받아들여왔고, 이러한 처신 방식은 한국의 언론 문화로 고착되다시피 했다.

한국 저널리즘 품질의 선진화를 가로막는 두 번째 장애물은 뉴스를 생산하는 편집국과 보도국에서 선진국 수준의 좋은 저널리즘 제작 기준standards을 수용하지 못하고 있는 점이다. 한국의 에디터와 기자들은 이제 겨우 최소한의 공정성 기준을 수용하는 정도의 취재 보도 준칙을 생활화하고 있다. 지난 10여 년간 취재원 사용 실태를 분석한 연구 결과들이 기사당 평균 취재원 수를 지속적으로 두 명 남짓으로 보고하는 연구 결과가 이러한 현실을 잘 드러낸다(박재영·이완수, 2007; 이건호·정완규, 2008; 이재경·김진미, 2000). 이는 결국 한국의 편집국에서는 기사를 둘러싼 사안의 복잡성을 최대한 반영하려 노력하기보다 기사의 대부분을 주로 하나의 취재원에 의지해 보도한다는 뜻이다. 한국 기사의 대다수는 기사 마지막 단락쯤에 핵심 취재원과 대척적 위치에 있는 취재원을 등장시켜, 형식적으로 공정성의 균형을 맞추는 글쓰기 방식을 따른다. 이러한 보도 전략은 기사의 편향성에 대한 비판을 피해 가려는 방어적 접근으로, 기본적으로 다원적 관점을 바탕으로 한 글쓰기를 지향하는 좋은 저널리즘의 보도 기준과는 커다란 거리가 있음을 부인할 수 없다.

한국 사회에서 선진적 저널리즘 기준이 정착되지 못하는 세 번째 요인은 경영의 문제, 다시 말해 비즈니스 모델의 영세성이다. 한국의 주요 언론사 중 취재 인력 규모가 500명을 넘어서는 곳은 드물다. 연합뉴스와 KBS 정도가 각 지역 취재 인력까지 합하면 500명을 가까스로 넘어설 것으로 판단된다. 취재·편집 부문 인력이 7천 명에 달하는 BBC, 2천 명 이상이 되는 아사히신문과 요미우리신문, 1천 300명에 이르는 뉴욕타임스 등 세계 유수 매체들과는 취재 역량 면에서 비교할 수 없는 인력 규모다. 게다가 사주나 경영진들이 저널리즘 원칙보다는 사업적 이윤이나 권력과의 관계에 더 큰 가치를 두어온 회사 운영 현실도 좋은 저널리즘의 보도 기준을 일상화하지 못하는 심각한 구조적

장애 요인으로 작용해온 것이 사실이다.

기사의 품질을 연구하는 작업은 이러한 현실 진단을 바탕으로 한다. 지난 세기말부터 급속히 진행되어온 디지털 파괴digital disruption와 아날로그 시대에 통용되던 광고 생태계의 붕괴는 좋은 저널리즘의 존립 기반을 위협하는 또 다른 경제적·기술적 위협 요소들이다.

2) 기사의 품질을 왜 연구하는가

한국 현실을 고려한 퀄리티 저널리즘 연구 작업은 이러한 한국 언론 현실에 대한 돌파구 마련이 시급하다는 인식에서 시작됐다. 비록 기술적, 사업적, 그리고 인식론적 상황은 지극히 부정적이지만, 2016년 가을 모든 시민이 함께 확인할 수 있었던 저널리즘의 가치는 한국적 언론 상황에서도 장기적으로 의미 있는 변화의 초석을 마련할 수 있다는 희망을 갖게 했다. 여전히 우수한 인재들이 저널리즘 관련 직업에 관심을 갖고 도전하는 현실도 한국 저널리즘의 미래가 어둡지 않다는 증거다.

이 책의 목적은 크게 두 가지다. 하나는 한국의 뉴스 수용자들, 지식인들, 일반 시민들이 어떠한 기사가 좋은 기사인가를 명료하게 이해하도록 객관적인 자료를 제공하는 일이다. 신문 독자와 방송 수용자, 인터넷 소비자가 무엇이 좋은 기사이고 한국의 기사들은 어느 정도 수준에 와 있는가를 알 수 있어야 현장의 기자와 편집 책임자에게 더 좋은 기사를 생산하도록 압력을 가할 수 있게 되기 때문이다. 또 이러한 사회적 압력이 존재해야, 언론 지원과 감독 기능을 행사하는 정책 기관들도 정파적 관점을 넘어 제대로 된 저널리즘 진흥 정책을 추진할 수 있게 된다.

두 번째 목적은 취재 보도 현장에서 일하는 기자들이 이 책이 제공하는 연구 결과의 현실 진단을 바탕으로 구체적인 기사 품질 향상 작업을 진행할 수 있도록 지표를 제공하는 일이다. 따라서 이 책은 국내 신문들 간의 차이를 보여주는 내용과 해외 유수 매체와의 격차를 보여주는 내용을 함께 제시한다. 이 자료를 보는 기자나 신문사의 편집 책임자는 각자 자신이 생산하는 기사의 상대적 위치를 확인할 수 있기 때문에, 적어도 개별 기사의 완성도를 높이기 위해 자신이 무엇을 해야 하는지를 분명히 인식할 수 있다. 좋은 저널리즘은 결국 좋은 기사가 만들어지고 출고되어야 가능해지는 목표다. 이 책은 취재 현장과 편집국에서 기사를 생산하는 기자와 편집자들의 기사 제작 과정을 향상시키는 데 유용한 자료가 되기를 희망한다.

3. 해외 퀄리티 저널리즘의 기준 연구 추세: 좋은 저널리즘을 판단하는 기준

어느 기사가 좋은 기사이고, 어느 매체가 우수한 뉴스 공급자인가를 가려내려면, 모두가 동의할 수 있는 판단 기준이 필요하다. 좋은 저널리즘에 대한 학술적·전문직업적 논의는 지난 100여 년, 미국과 영국 학계를 중심으로 진행되어왔다. 그러한 이유로 여기서는 미국과 영국의 저널리즘 학계와 업계에서 진행된 논의의 주요 흐름을 먼저 정리하면서 좋은 저널리즘의 판단 기준이 되는 중심 요소들을 추려내려 한다. 한국에서도 1990년대 후반 이후 제한적이지만 좋은 저널리즘에 대한 학술적 연구가 진행되어왔다. 따라서 해외 연구의 흐름을 정리한 뒤에는 그를 바탕으로 한국 맥락에서의 연구 작업을 검토하며, 이 책에서 사용하게 될 주요 지표들을 도출해보려 한다.

1) 초기 생각들

좋은 저널리즘에 대한 관심은 신문의 등장과 역사를 같이한다. 특히 미국에서 '페니 프레스penny press'로 불리는 대중지가 등장하던 1800년대 후반에는 뛰어난 편집인과 발행인들이 좋은 저널리즘의 초석을 다지는 노력을 체계화했다.

신문의 경영 철학으로 "두려움도 호의도 없이without fear or favor" 뉴스를 전하겠다며, 1896년 새로 인수한 뉴욕타임스The New York Times를 미국 최고의 신문으로 이끌었던 아돌프 옥스Adolph Ochs는 그 시대를 대표하는 발행인이었다. 옥스 발행인 주장의 핵심은 기자의 독립성independence이 저널리즘의 중심 가치라는 말이다. 그는 뉴욕타임스 업무 공고를 통해 권력이나 돈의 영향력으로부터 자유롭게, "가치 있는 기사는 모두 보도한다All the news that's fit to print"는 저널리즘 철학을 실천하겠다고 선언했다(Schudson, 1978).

1920년대에 나온 월터 리프먼Walter Lippmann의 『여론Public Opinion』(1922)을 비롯한 저널리즘 관련 저작들 역시 황색저널리즘yellow journalism으로 대표되는 지나친 선정주의 보도 경향에 대한 근본적인 경계를 바탕에 깔고 있다. 특히 리프먼과 메르츠가 함께 발표한 「뉴스에 대한 하나의 검증A Test of the News」(Lippmann & Merz, 1920)이라는 논문은 당대를 대표하는 신문인 뉴욕타임스가 1차 세계대전과 러시아 혁명 보도에서 어떠한 오보들을 생산했는지를 체계적으로 밝혀낸 기념비적 논문이었다. 이 글은 당시로서는 드물게 좋은 저널리즘의 핵심 가치가 일어난 사실에 대한 정확한 보도accuracy라는 점을 매우 분명히 논증했다.

> 저널리즘의 전문직으로서의 업무 기준은 충분히 높지 못하다. 또 이러한 기준을 유지하려는 교육 훈련의 강도도 느슨하기 짝이 없다. 그렇기 때문에, 러시아 혁명 보도 사례에서 보듯이, 미국 신문들은 엄밀한 시험을 제대로 통과하지 못했다(Lippmann & Merz, 1920, p. 104).

그러면 저널리즘의 품질 기준은 누가 정하고 규율해야 하는가? 리프먼과 메르츠는 이 임무는 전문직 기자들의 몫이라고 말한다. "우리는 언론을 법률로 규제할 수 있다고 믿지 않는다. 우리는 근본적으로 각 언론사의 전통과 전문직으로서의 언론 조직journalists guild이 이 역할을 맡아야 한다고 믿는다"(Lippmann & Merz, 1920, p. 106).

미국의 지식인 사회가 종합적으로 저널리즘의 문제를 다뤄 체계적인 보고서를 낸 것은 1947년이다. 1942년 더 타임스The Times를 발행하던 헨리 루스Henry Luce는 거액의 기금을 내놓고 시카고 대학 총장인 메이너드 허친스Maynard Hutchins 교수를 위원장으로 하는 저널리즘 문제에 대한 전국적 조사위원회를 구성하도록 했다. 이렇게 만들어진 허친스 위원회는 5년간의 다양한 조사 분석 작업과 토론회를 거쳐 1947년 종합보고서를 내놓았다. 『자유롭고 책임 있는 언론A Free and Responsible Press』(Commission on Freedom of the Press, 1947)이라는 제목의 이 보고서는 당시까지는 가장 포괄적이라 할 수 있는 좋은 저널리즘의 기준들을 제시했다. 미디어가 민주 사회를 위해 반드시 수행해야 할 역할requirements이라는 관점에서, 허친스 위원회 보고서가 제시한 요건들은

• 〈표 1-1〉 미디어가 수행해야 할 다섯 가지 역할 •

1. 그날 일들에 대한 진실되고, 포괄적인 이해, 지적인 설명(맥락 제공)
2. 평론과 비판을 위한 토론장 제공
3. 사회를 구성하는 다양한 세력에 대한 대표성 있는 반영
4. 사회가 공유하는 공동 목표와 가치들의 명료한 제시
5. 그날 일들을 전하는 정보에 대한 충분한 접근권

출처: Commission on Freedom of the Press. (1947).

〈표 1-1〉의 내용을 담았다.

여기 제시된 요건들을 세밀하게 살펴보면, 당시에는 저널리즘 생태계를 형성하는 주요 구성 요소들에 대한 구분을 정확히 하지 않고 있다는 사실을 알 수 있다. 좋은 저널리즘의 평가와 계량적 측정 문제를 체계적으로 고민했던 레이시와 로젠스틸(Lacy & Rosenstiel, 2015)에 따르면, 좋은 저널리즘을 판단하는 범주는 크게 3개 영역으로 나뉠 수 있다.

첫째 영역은 기업으로서의 언론사다. 뉴욕타임스나 KBS처럼 기자를 고용해 뉴스를 생산하는 조직을 의미한다. 이 영역에서 좋은 저널리즘의 조건으로 고려될 요소는 경영주의 회사 운영 철학, 투자 의지와 규모, 언론사가 스스로 생각하고 실천하는 사회적 역할 등을 들 수 있다.

레이시와 로젠스틸(2015)은 둘째 영역으로 관찰 대상을 더 좁혀서, 각 회사에서 기자들이 생산하는 제품인 기사를 꼽는다. 결국 독자와 시청자가 정보를 얻기 위해 접촉하는 대상이 기사이기 때문이다. 이러한 접근법에 집중하는 저널리즘 연구자들은 기사의 품질을 구성하는 세부 요소들을 주목해왔다. 취재원의 다양성이나 보도의 투명성이 이

들이 주로 사용하는 기준들이다.

이들이 제시하는 세 번째 영역은 수용자 영역이다. 좋은 저널리즘은 결과적으로 수용자에게 유용해야 하기 때문에 그들의 인식과 평가가 중요하다는 뜻이다. 이러한 접근은 수용자를 대상으로 하는 평판 조사, 그리고 뉴스 소비자 입장에서 느끼는 기사와 언론사에 대한 인식 조사 등을 통해 결과물을 만들어낸다.

레이시와 로젠스틸(2015)의 틀에서 보면 허친스 위원회가 제시한 요건들은 이들 세 가지 영역이 명료하게 구분되지 않은 상태에서 포괄적으로 혼재되어 있다. 1번과 3번 요소가 기사의 특징 가운데 정확성, 맥락 제공, 그리고 취재원의 다원성을 다룬다면, 2번 요소는 언론의 기능을 다루고 4번과 5번 요소는 수용자 접근권과 공동체의 공유 가치를 강조한다.

2) 종합적 관점의 접근들

1980년에 메릴John C. Merrill과 피셔Harold A. Fisher는 세계의 엘리트 신문에 관한 책을 출판했다. 1968년에 나온 메릴의 작업을 진전시켜 출판한 이 책은, 두 저자가 주관적으로 설정한 기준을 바탕으로 세계 각국에서 발행되는 50개의 위대한 신문great newspaper을 소개한다. 이들에 따르면, "좋은 신문quality paper의 인기는 선정주의나 자극적 보도에 기대지 않는다. 이러한 신문은 독자에게 (맥락을 반영한) 사실들facts을 제공하고, 그에 대한 생각과 해석을 전한다. 간단히 말하면, 이는 공중을 대상으로 지속적인 교육continuing education을 제공하는 일이다"(Merill & Fisher, 1980, p. 16).

• 〈표 1-2〉 메릴과 피셔가 제시하는 위대한 신문의 조건 •

1. 독립성, 재정적 안정, 정직성, 우수한 글쓰기와 에디팅
2. 논설과 해설적 능력의 강조, 국제적 의식, 기사선택과 편집에서 선정주의 배제
3. 정치, 국제 관계, 경제, 복지, 문화 활동, 교육, 과학 등 분야 강조
4. 지적이고, 잘 교육된 전문 역량이 갖춰진, 대규모 취재 · 편집 인력의 유지 의지
5. 국내와 해외에서 잘 교육받은 지적인 독자를 위해 봉사하고, 그러한 독자 기반을 확장하려는 의지, 여론 지도층에게 호응을 받고 그들에게 영향력을 행사하려는 의지

출처: Merill & Fisher (1980).

이 책에서 그들은 좋은 신문의 조건을 〈표 1-2〉와 같이 제시했다. 이러한 메릴과 피셔의 기준들도 레이시와 로젠스틸(2015)이 제시하는 세 가지 영역을 모두 언급했다. 그러나 그 또한 허친스 보고서와 마찬가지로 개괄적 원칙 수준에서의 조건 제시에 머물 뿐, 구체적으로 계량화를 시도해서 우열을 가릴 수 있는 세밀한 기준을 제시하지는 않았다.

그 뒤, 맥퀘일(McQuail, 2005), 마이어(Meyer, 2010), 쇼이어(Sheuer, 2008) 등 연구자들도 좋은 저널리즘을 구성하는 주요 요소들을 다음과 같이 제안했다(〈표 1-3〉, 〈표 1-4〉, 〈표 1-5〉 참조).

이들의 작업도 각자 주목하는 요소에는 미세한 차이가 있지만, 앞서 제시한 허친스 보고서 및 메릴과 피셔의 생각과 마찬가지로 다양한 차원의 요소들을 모두 묶어서 좋은 저널리즘의 기준으로 제시했다. 맥퀘일과 마이어, 쇼이어 등 연구자들이 제시한 기준은 기본적으로 기자들이나 독자들의 인식 조사에 의지할 수밖에 없는 방법론적 특징을 공유한다. 경험적으로 검증 가능한 계량적 데이터를 생산하기에는 어려운 기준들을 제시했기 때문이다.

• 〈표 1-3〉 맥퀘일의 다섯 가지 기본 가치 •

1. 자유freedom
2. 접근의 평등성equality
3. 관점의 다원성diversity of view points
4. 진실과 정보의 품질truth and information quality
5. 사회질서와 통합 지향성social order and solidarity

출처: McQuail (2005).

• 〈표 1-4〉 마이어의 저널리즘의 품질을 구성하는 요소 •

1. 신뢰도credibility
2. 지역에서의 영향력influence in local community
3. 정확성accuracy
4. 가독성readability
5. 기사 검토의 수준editing

출처: Meyer (2010).

• 〈표 1-5〉 쇼이어가 제시하는 뛰어난 저널리즘의 3요소 •

1. 진실에 대한 도덕적 의무moral imperative of truth
2. 맥락에 대한 지적인 의무intellectual imperative of context
3. 독립성에 대한 제도적 · 정치적 의무institutional/political imperative of independence

출처: Scheuer (2008).

그런가 하면, 리트먼과 브리지스(Litman & Bridges, 1986)는 재정적 책임financial commitment 접근법 관점에서 전혀 다른 기준을 제시했다. 〈표 1-6〉에 나타나듯이, 이들은 회사가 뉴스 제작을 위해 인력과 자원을 어느 정도나 투자하는지가 저널리즘의 우수성을 판단하는 중요

• 〈표 1-6〉 리트먼과 브리지스의 재정적 책임 접근법 •

1. 정규직 취재 · 편집 인력의 수number of full-time news/editorial staff
2. 사용하는 뉴스 통신 서비스의 수number of news service subscription
3. 평일 뉴스 지면 비중percentage of weekday space for news

출처: Litman & Bridges (1986).

한 기준이 될 수 있는가를 검증하려 했다. 저널리즘의 품질에서 재정 투입이 차지하는 중요성에 주목한 접근법이다.

비슷한 관점에서 보거트(Bogart, 2004)도 경제적 관찰 도구를 활용해 뉴스의 품질을 평가하는 기준에 주목했다. 보거트는 리트먼과 브리지스보다는 한 걸음 더 들어가 지면에 나타나는 자체 생산 기사의 비중을 중시했다. 자사 기사의 지면 기여율과 회사가 광고 등 상업적 내용보다 얼마나 더 기사의 전달에 가치를 부여하는지 등이 중요한 판단 기준이었다(〈표 1-7〉 참조).

• 〈표 1-7〉 보거트의 좋은 저널리즘 측정 기준 •

1. 자사 기자가 생산한 기사의 비중(통신사 기사 대비)
2. 광고 등 내용에 대비한 기사와 칼럼의 비중
3. 해설과 배경 설명 기사의 비중

출처: Bogart (2004).

3) 기사와 취재 과정에 주목하는 연구들

학문적 논의가 축적되면서, 계량적으로 검증 가능한 좋은 저널리즘의 측정 기준measure을 고민해온 다른 일단의 연구자들은 앞서 제시된 경영과 수용자, 그리고 기사 등의 요소를 통합적으로 보는 관점보다는 언론사의 생산물인 기사의 품질을 측정하거나 기사가 만들어지는 과정에 집중하는 접근법을 정교하게 다듬어왔다. 이들은 이러한 접근법이 현장 기자와 수용자들이 이해하기 쉬운 자료를 만들기에 편리하고, 지역이나 국가, 문화의 경계를 넘어 공통으로 활용할 수 있는 표준적 지표를 만드는 데도 유용하다고 판단했다.

미국에서는 보거트Leo Bogart, 레이시Stephen Lacy, 로젠스틸Tom Rosenstiel 등이 이러한 접근법을 추구해왔고, 영국에서는 피커드Robert Picard와 앤더슨Peter Anderson 등이 이러한 기준을 다듬어왔다.

피커드의 경우에는 그 가운데서도 기사 제작 과정에서 벌어지는 기자들의 취재 활동과 기사 검토 과정의 충실도가 저널리즘 품질에 중요한 영향을 미친다고 판단해 그러한 요소를 측정하는 기준을 탐구했다(〈표 1-8〉 참조).

독자에게 전달되는 최종 생산품인 기사의 품질에 먼저 주목했던 사

• 〈표 1-8〉 피커드의 취재 활동 기반 기준 •

1. 인터뷰
2. 전화 취재와 인터뷰 섭외
3. 사안 관련 행사 참여
4. 취재원 회의, 협의, 교육
5. 배경 지식과 관련 사안을 확인하고 늘 자료 읽기
6. 검토, 자료 정리, 추가 자료 대기
7. 관련 현장 방문

출처: Picard (1998; 2000).

• 〈표 1-9〉 보거트의 좋은 저널리즘의 핵심 요소 •

1. 정확성accuracy
2. 심층보도in-depth reporting
3. 불편부당성impartiality
4. 탐사보도investigative reporting
5. 글쓰기 능력literary style

출처: Bogart (1989).

람은 보거트(1989)였다. 허친스 위원회나 메릴 등이 기사가 생산되는 생태계 전체를 구성하는 요소들 모두를 고려했다면, 보거트는 구체적으로 각 매체가 생산하는 기사의 품질을 계량적으로 평가할 수 있는 기준이 무엇일까를 고민했다. 그 결과가 〈표 1-9〉에 제시된 1989년 저서의 내용이다.

2000년대에 들어서면서 디지털 파괴digital disruption 현상이 급격히 빨라졌다. 기사 전파의 경로가 종이나 TV 화면에서 인터넷과 모바일 매체로 바뀌자, 뉴욕타임스나 MBC 등 특정한 매체의 지면이나 뉴스 프로그램을 통해 유통되던 기사는 각각 생산 매체로부터 분리된 상태로 온라인 공간에서 독자들을 만나는 환경이 일상화됐다. 이는 다시 말하면, 뉴스 소비에서 브랜드 효과가 급격히 쇠퇴하는 2차 효과로 연결된다. 결국 개별 기사 각각의 품질이 더욱 중요한 요소로 등장하게 된다는 뜻이다. 이러한 디지털 환경으로의 변화는 2000년대 이후 좋은 저널리즘의 평가 기준을 급격히 기사들의 특성에 주목하도록 하는 흐름으로 만들어왔다.

이러한 흐름의 초기를 대표하는 지수는 로젠스틸이 주도했던 「뉴스 매체 연차보고서The State of the News Media Report」 2005년판에 포함된 '보

• 〈표 1-10〉 PEJ 보도 지수 •

1. 넷 또는 그 이상의 투명한 취재원four or more transparent sources
2. 관점의 다원성A mix of viewpoints
3. 넷 또는 그 이상의 이해 당사자four or more stakeholders

출처: State of the News Media Report 2005: www.journalism.org

도 지수Reporting Index'였다.

'우수 저널리즘을 위한 프로젝트Project for Excellence in Journalism: PEJ'라는 작업을 진행하며 미국 저널리즘의 수준을 평가하는 연차보고서를 내고 있는 PEJ는 〈표 1-10〉에 제시한 지수를 기준으로 2004년 미국 신문 기사의 수준을 평가하는 작업을 시도했다. 이 작업에서 로젠스틸 등이 좋은 기사의 기준으로 공개한 사항은 모두 네 가지였다(〈표 1-11〉 참조).

로젠스틸 등은 이 가운데 보편적으로 계량화하기에 편리한 3개의 기준을 선택해 〈표 1-10〉에 제시한 대로 '보도 지수'를 만들어 적용했다. 여기서 PEJ가 제시하는 '보도 지수'는 좋은 기사로 평가되는 최소한의 기준을 의미한다. 다시 말하면, 이 기준을 만족시키지 못하는 기

• 〈표 1-11〉 좋은 기사의 기준 •

1. 취재원 사용의 깊이와 품질depth and quality of sources
2. 기사에 사용된 관점의 다원성number of viewpoints in Newspaper stories
3. 이해 당사자의 다원성number of stakeholders
4. 기사에 포함된 기자의 의견journalist opinion in the news

출처: State of the News Media Report 2005: www.journalism.org

• 〈표 1-12〉 앤더슨의 5C와 1A 기준 •

1. 가독성comprehensibility
2. 맥락context
3. 인과관계 제시causality
4. 비교성comparativeness
5. 복합성comprehensiveness
6. 정확성accuracy

출처: Anderson (2014).

사는 '좋은 기사'가 아니라는 뜻이다.

영국 저널리즘 현실을 바탕으로 좋은 저널리즘의 조건을 탐구해온 앤더슨(Anderson, 2014)은 5C와 1A로 요약되는 판단 기준을 제시했다(〈표 1-12〉 참조).

앤더슨의 좋은 저널리즘 기준들은 모두 기사의 속성에 집중되어 있다. 1, 2, 3, 4번은 글쓰기의 명료성과 기사가 다루는 사안에 대한 맥락의 제공 여부, 유사 사례를 고려했는지 등 모두 계량화보다는 질적인 판단을 필요로 하는 기준들이고 정확성 기준 또한 양적 자료로 판단하기는 어려운 기준이다. 기사 구조의 복합성을 다룬 5번은 사용하는 취재원이나 정보의 종류를 바탕으로 양적 분석이 가능한 판단 기준으로 볼 수 있다.

앞서 소개한 레이시와 로젠스틸(2015)의 연구는 과거 좋은 저널리즘을 주제로 한 분석들의 결과를 종합하면서, 특히 기사의 속성에 주목해온 연구물들이 강조했던 판단 기준들을, 〈표 1-13〉에서 보듯이 모두 일곱 가지로 종합했다.

이 연구는 1980년부터 미국과 영국에서 진행되어온 좋은 저널리즘

• 〈표 1-13〉 레이시와 로젠스틸이 종합한 7기준 •

1. 기사의 완성도와 전달력presentation quality
2. 정확성과 신뢰성trustworthiness
3. 다원성diversity
4. 정보의 깊이와 넓이depth and breadth of information
5. 종합성comprehensiveness
6. 공공의 관심사public affairs
7. 지역적 연계성geographic relevance

출처: Lacy & Rosenstiel (2015).

관련 작업을 포괄적으로 검토한 결과물이다. 언론사의 경영 상태나 정치 권력과의 관계 등 맥락적 요소를 배제하고 수용자가 소비하는 상품product인 기사만을 평가 대상으로 하는 과거 연구들이 주목한 기준들을 종합하면, 레이시와 로젠스틸의 정의에 따를 경우 〈표 1-13〉에서 제시한 일곱 가지로 요약된다는 뜻이다. 레이시와 로젠스틸은 이러한 선행 작업들에 대한 정리에서 멈추지 않았다. 그들은 2000년대 이후 급격하게 변화하는 디지털 매체 환경을 고려하는 평가 기준이 필요하다고 생각했다. 그 결과가 〈표 1-14〉에 정리된 네 가지 기

• 〈표 1-14〉 레이시와 로젠스틸이 제안하는 4기준 •

1. 다원성diversity
2. 투명성transparency
3. 상호교류성interactivity
4. 자유, 권력 감시, 독립freedom, accountability, independence

출처: Lacy & Rosenstiel (2015).

준이다.

이들이 제안하는 기준들은 1800년대부터 강조되어온 언론의 독립과 권력 감시 기능 등 전통적 가치와 급격한 디지털 파괴의 결과로 새롭게 형성되는 저널리즘 생태계를 고려한 상호교류성 등을 결합한, 미래지향성이 강한 내용이다.

레이시와 로젠스틸은 이들 가운데 1번과 3번 기준을 계량적 측정이 충분히 가능한 성격으로 판단했다. 이들은 취재원의 수나 관점의 수, 기사 주제, 그리고 기사 길이와 전달 방식의 다양성 등을 통해 저널리즘의 다원성diversity을 측정할 수 있다고 했고, 상호교류성interactivity은 기사에 제공되는 링크의 수나 취재 자료, 댓글 기능의 측정을 통해 계량적 평가가 가능하다고 주장했다. 그러나 투명성transparency과 자유freedom, 독립성independence 등의 속성에 대해서는 글쓰기에 대한 질적인 분석과 언론사 조직과 사회의 관계에 대한 거시적 관찰이 필요함을 인정했다.

4. 한국에서의 기사 품질 연구 흐름

한국 언론계에서 좋은 저널리즘은 언젠가는 실현하면 좋은 이상과 같은 명제였다. 1960, 1970년대에서 1980년대 후반까지 한국 사회는 엄혹한 권위주의 정권들이 취재와 보도의 자유마저도 매우 촘촘하게 제약하는 현실에 놓여있었다. 그러한 상황에서 민주주의가 만개한 미국이나 영국 같은 사회의 고급 신문들이 추구하는 기사 제작 체제는 부러움의 대상일 뿐이었다.

하지만 1987년 민주화가 시작되며 상황이 급격히 바뀌었다. 무엇보다 신문과 방송 설립의 자유가 확장됐다. 5공화국에서 만든 「언론기본법」이 폐지되며 매체 수가 빠르게 늘었고, 그에 따라 취재·보도 경쟁도 치열해졌다. 1990년대 들며 자연스레 선정주의 보도의 증가와 황색저널리즘이 확산하는 추세에 대한 사회적 경계심이 표출되기 시작했다.

신문 시장에서는 문화일보 사장직에 취임한 남시욱 선생이 선봉에서 문화일보를 좋은 저널리즘을 실천하는 매체로 이끌겠다고 선언했다.

> 1996년이 문화일보에 있어서 위대한 전환의 해가 될 것입니다. 종합일간지로 다시 태어난 문화일보는 새해에 한국을 대표하는 고급지로서 웅비하기 위해 힘차게 날개를 펼 것입니다. (…) 본사는 32면 체제로의 확대를 계기로 지면의 양적인 변화만이 아닌, 질적인 변화를 시도할 것입니다. 한국을 대표하는 고급지로서 골격을 갖추기 위해 뉴스의 심층분석과 해설 및 논평의 확대를 꾀할 것입니다. 여러 가지 시도 중에서도 특히 두 페이지에 걸친 의견면의 신설은 한국 언론계로서는 하나의 도전적 실험입니다(남시욱, 1996, pp. 423-424).

문화일보는 이러한 선언을 기점으로 1996년 1년 동안 한국형 고급지로의 재탄생을 위해 다양한 노력을 기울였다. 언론학자들을 활용한 편집자문회의를 구성해 운영했고, 사내에서는 '고급지 제작 연구반'을 가동하며 취재와 편집 전반에 걸친 혁신을 위해 다양한 노력을 기울였다. 이러한 시도는 당시 한국 언론계에 상당한 자극으로 작용했다. 치열해지는 국내 신문 간 경쟁 구조에서 고급지에 대한 인식을 형성하고, 기자와 독자들로 하여금 좋은 저널리즘에 대한 관심을 환기시키는 계기를 제공했다. 그러나 당시 문화일보가 실천한 고급지 전략은 오피니언면의 신설, 2면에 '바로잡습니다'란의 설치, 취재팀제의 실시, 심층성을 강화한 해설 기사의 도입, 신서체 개발, 전면 가로쓰기 도입 등이 중심 요소를 구성했다. 다시 말하면, 좋은 저널리즘의 핵심 요소인 개별 기사의 품질 향상에 대한 고려는 상대적으로 소홀했다는 뜻이다. 더 안타까운 점은 1997년 말 외환위기가 닥치며 저널리즘 품질 향상에 대한 노력들이 지속될 수 없는 상태가 되어버린 신문 경영 환경의 변화다.

중견 언론인들의 모임인 관훈클럽은 1995년 박권상 선생의 제안을 받아들여 '한국 언론 2000년 위원회'를 구성했다. 이 위원회는 미국의 허친스 위원회를 모델로 1990년대 후반 한국 언론의 현황을 정리하고, 21세기 한국 언론의 청사진을 제시하기 위한 기획이었다.

> 이 보고서가 새천년이 시작되는 해에 세상에 나오게 됐다는 사실은 역사적인 상징성이 크다고 생각합니다. 이 문서가 한국 언론의 지난 100년 역사를 결산하는 동시에 다가오는 100년의 미래를 대비하는 장전으로서의 권위와 한국 언론의 진로를 제시하는 나침반이라는 사명감을 지니고 새로운 언론사를 창조하는 막중한 역할을 수행할 것이라는 기대를 담고 있기 때문입니다(관훈클럽, 2000, p. 5).

모두 8개 장으로 쓰인 이 보고서는 언론의 개념부터 한국적 맥락에서의 언론 자유에 대한 성찰 등을 담았다. 또 한국의 언론 제도와 산업적 특성 등도 체계적으로 진단했다. 이 보고서는 7장에서 취재와 편집의 문제를 집중적으로 다뤘다. 현장에서 기사가 만들어지는 과정에 대

• 〈표 1-15〉 한국 언론 2000년 위원회가 주목한 기사 가치의 4기준 •

1. 정확성	2. 공정성	3. 전문성	4. 심층성

출처: 관훈클럽(2000).

한 분석을 시도했고, 개선 방향도 제시했다. 기사의 질도 중요한 분석 대상의 하나였는데, 한국 언론 2000년 위원회가 기사의 질을 판단하기 위해 주목한 기준들을 〈표 1-15〉에 담았다.

한국 언론 2000년 위원회 보고서는 전문가와 수용자들의 인식 조사를 바탕으로 주로 당위적 관점에서 기사의 질 문제를 검토했다. 기본적인 판단은 1990년대 말 무렵, 한국 언론의 보도는 정확성, 공정성, 전문성, 심층성의 네 부분 모두에서 크게 부족하다는 내용이다. 이 보고서에서 알 수 있는 이 위원회의 접근법은 허친스 위원회 보고서나 메릴과 피셔의 접근법과 문제 의식이나 진단 방식이 상당히 비슷함을 알 수 있다. 특히 언론인들과 전문가들의 주관적 인식을 판단의 근거로 삼은 점에서 그렇다. 따라서 구체적으로 기사의 구성 요소를 세밀하게 계량화해 분석하려는 시도는 고려되지 않았음을 알 수 있다.

안타깝게도 한국 언론계에서 지도적 위치에 있는 언론인들에 의해 간헐적으로 진행된 좋은 저널리즘을 위한 이러한 노력들은 현장 저널리즘을 바꾸는 구체적인 결실로 이어지지 못했다. 한국 언론계 전반에 좋은 저널리즘에 대한 제대로 된 이해가 부족하고, 저널리즘 현장과 취재기자, 편집 책임자들의 일상적 업무 관행을 바꿀 수 있는 정책적·경영적 지원이나 사회적 압력도 존재하지 않았기 때문으로 판단된다.

1997년 말 외환위기가 닥치며, 신문 산업은 해방 이후 가장 힘든 경영 위기를 맞았다. 모든 언론사는 예외 없이 비용을 줄이기 위해 해외 특파원을 철수시키고 취재 인력을 대폭 축소할 수밖에 없었다. 이러한 경영 환경에서 좋은 저널리즘에 대한 고민은 우선순위를 차지하기 힘들었다. 더구나 2000년대 들며 디지털 파괴 현상이 지속적으로 언론, 특히 신문 산업을 압박해왔다. 독자와 광고가 이탈을 멈추지 않는 환경이 계속되는 상황에서 기사 품질 향상에 대한 현장의 노력은 지극히 제한적일 수밖에 없었다.

언론 현장 상황의 어려움이 계속되고 기사 품질의 저급화가 급격히 확산되자 언론학계에서 저널리즘의 품질 문제에 주목하는 연구들이 등장하기 시작했다. 초기에 주로 취재원 사용 관행을 조명했던 연구 추세는 시간이 흐르며 미국의 좋은 저널리즘 연구 흐름을 수용하는 방향으로 진화해갔다. 이 연구 작업들은 모두 공통적으로 비교언론학적 접근법을 선택해 미국을 중심으로 한 저널리즘 선진 사례들과 한국 언론 현실의 차이를 집중적으로 조명하며, 한국 저널리즘 현실을 어떻게 개선해야 하는지에 대한 방향을 제시하는 결과물들을 내놓았다.

이들 작업의 또 다른 특징은 기사의 품질을 분석하기 위해 계량적 접근법을 사용하는 점이다.

이러한 추세를 나타나게 한 초기 작업이 이재경과 김진미의 연구(2000)다. 이들은 한국의 주요 일간지인 조선일보와 동아일보, 중앙일보 1면 기사들의 취재원 사용 실태를 조사했다. 이 연구에 따르면, 조선일보는 기사당 평균 1.25개, 동아일보는 평균 1.34개, 그리고 중앙일보는 1.5개의 취재원을 사용하는 것으로 분석됐다. 이재경과 김진미는 결론에서 이러한 자료를 미국 언론의 현실과 비교했다.

이 논문에서 조사한 한국 주요 신문의 기사당 취재원 수는 평균 1.35개였다. (…) 1면에 실린 기사이기 때문에 경제, 사회면에 실리는 기사보다 지면을 적게 사용했다는 부담이 있으리란 점을 감안해도 이는 적은 숫자이다. 참고로 버코비츠(Berkowitz, 1987)가 제시하는 미국 언론의 취재원 사용 관행을 보면 이 같은 사실을 더욱 분명히 알 수 있다. (…) 미국 전국지는 기사당 7.6개의 취재원을 사용한다. (…) 가장 많은 기사는 26개의 취재원을 사용한 경우도 있었다. (…) 이 같은 사실은 미국 기자들의 기사를 대하는 기본 자세와 한국 기자들의 자세가 근본적으로 다르다는 점을 암시한다. 개인적으로 더 성실하기 때문이기보다는 직업의 전문성에서 미국 언론계가 더욱 철저한 취재 기준을 제시하고 있기 때문이 아닐까 짐작해본다(이재경, 김진미, 2000).

한국 신문 기사의 품질을 PEJ 기준을 그대로 적용해 처음으로 분석한 연구자는 박재영(2006)이다. 한국언론진흥재단에서 구성한 '2020 미디어위원회' 작업의 일부로 시도된 박재영의 분석은 경향신문, 동아일보, 조선일보, 중앙일보와 한겨레 등 5개 신문의 1면 머리기사를 대상으로 실시됐다. 분석 유목으로 투명 취재원과 이해 당사자, 관점의 다양성 등 PEJ가 사용한 유목을 그대로 적용한 이 연구는 계량적 측정 방법을 활용해 한국 신문 현실에서의 좋은 저널리즘 실태를 보고한 선도적 작업이었다.

결과는 예견한 대로였다. PEJ 기준을 적용해, 박재영이 조사한 한국 신문의 고급기사 비율은 11.1%였다. 그에 비해 PEJ가 보고한 미국 신문의 고급기사 비율은 33%였다. 더구나 한국 자료가 1면 탑 기사들로만 수집된 데 비해 미국 자료는 1면 기사 전체를 대상으로 분석했다는 점을 고려하면, 이 차이는 양국의 저널리즘 현실을 제대로 반영하지 못한 것이라는 점을 알 수 있다. 특히 PEJ 보고서에서 미국의 대표 신문인 뉴욕타임스, 워싱턴포스트 등 4개 신문 1면 기사 중 고급기사의 비율이 전체 기사의 절반을 넘는 52%로 조사됐다는 점을 생각하면, 박재영의 분석은 한국을 대표하는 전국지들이 기사의 수준에서 이들과 상당한 격차를 드러낸다는 점을 실증적 자료를 가지고 확인시켜주는 연구였다.

박재영은 그 뒤 이완수와 함께 2007년과 2010년, 두 차례에 걸쳐 2006년 작업을 진전시키는 뉴스 평가 지수 개발 연구를 실시했다. 2007년 작업은 서울에서 발행되는 10개 중앙 일간지를 대상으로 1면에 게재된 모든 기사를 분석했다. 이 연구는 1990년부터의 변화 추세도 분석 대상에 포함시켜, 1980년대 말 민주화 이후 신문 기사의 품질 변화를 역사적 맥락까지 포함해 관찰한 연구로 볼 수 있다.

이들이 실시한 2010년 연구는 분석 대상을 전국으로 확장했다. 또 지상파 텔레비전 방송 3사의 뉴스도 분석에 포함했다. 이들이 사용한 분석 유목은 모두 13개로, PEJ가 사용하는 주요 유목에 한국 저널리즘 현실을 고려한 유목들을 추가했다. 이들이 활용한 분석 유목은 〈표 1-16〉과 같다.

박재영과 이완수는 이 연구의 결과를 다음과 같이 종합 정리했다.

> 국내 언론사의 뉴스 중에서 고급기사는 매우 드물고, 정파성을 띄는 기사는 많았다. 그리고 2000년대 초중반과 후반, 즉 상이한 정당이 정권을 잡았던 두 정부 시기 사이에 뉴스의 질적 변화는 없었다. 매체 유형별로 굳이 순위를 매긴다면, 방송사가 가장 앞서 있고, 중앙지가 그다

• 〈표 1-16〉 박재영과 이완수가 사용한 뉴스 평가 지수 분석 유목 •

1. 기사의 주제
2. 투명 취재원 수
3. 익명 취재원 수
4. 이해 당사자 수
5. 토대 정보의 신뢰성
6. 갈등 사안 여부
7. 관점 제시 양태
8. 취재원이 언급되어 있는 문장의 수
9. 사안에 대한 지지 입장의 취재원이 언급되어 있는 문장의 수
10. 사안에 대한 반대 입장의 취재원이 언급되어 있는 문장의 수
11. 사안에 대한 입장이 드러나는 취재원이 언급되어 있는 문장의 수
12. 인용구의 주관적 술어 수
13. 무주체 주관적 술어 수

출처: 박재영 · 이완수(2010).

음이며 지방지는 상당히 뒤처져 있다고 말할 수 있다(박재영, 이완수, 2010, 128쪽).

박재영과 이완수가 실시한 '뉴스 평가 지수의 개발과 적용'에 대한 이 연구는 2005년 PEJ가 사용한 분석틀을 기초로 매우 정밀한 방법론을 적용한 작업이었다. 이들은 PEJ 유목들에 한국 저널리즘의 구조적 문제인 정파성에 대한 분석을 보강해 연구를 설계했다. 분석 대상도 중앙일간지에 지상파 TV 방송 뉴스와 지역 신문까지 확장해 한국 저널리즘 지형을 구성하는 주요 요소를 모두 포함했다. 한 가지 아쉬운 점은 해외 매체들을 전혀 포함하지 않은 사실이다. 해외 주요 매체의 자료가 없으니, 한국 신문과 방송저널리즘의 질적 수준을 상대적으로

확인할 기회를 갖지 못했다.

2014년 김영욱 등은 '저널리즘의 품질: 평가 기준과 모델'이라는 제목의 연구서를 냈다. 영국과 미국, 독일 등 선진국에서 진행된 다양한 저널리즘 품질에 대한 연구 결과들을 체계적으로 소개하며 종합한 이 연구는 필자들의 표현대로 '저널리즘의 질에 대한 연구를 위한 개념적·사변적 틀을 제공하려는 작업'이어서 자체적인 분석 자료를 생산하지는 않았다(김영욱·진민정·강신규, 2014).

5. 『기사의 품질』이 선택한 평가 기준

좋은 저널리즘을 가려내기 위해 사용되거나 제안된 기준들을 과거 미국과 영국의 사례들부터 최근 한국학계에서 사용한 사례까지 정리해보았다. 물론 그동안 논의된 모든 기준을 섭렵할 수는 없었다. 특히 미국과 영국이 아닌 다른 국가에서 논의된 기준들은 처음부터 고려하지 못했다. 또, 중요할 수 있는 선행 연구지만 포함되지 않은 경우도 있을 것이다. 그러나 저널리즘의 품질에 대한 의미 있는 평가 작업들은 대부분 논의에 포함시키려 노력했다. 특히 좋은 저널리즘 연구에 도움이 되리라 판단한 연구나 보고서들은 모두 소개하려고 노력했다.

좋은 저널리즘을 평가하기 위해 제안되거나, 평가에 사용된 판단 기준들은 크게 3개의 범주로 나눠 정리할 수 있다. 첫 번째 범주는 권력과 저널리즘의 관계 또는 사회와 저널리즘의 관계를 들여다보는 기준들이다. 자유freedom, 독립성independence, 권력 감시 또는 사회 책임watchdog, accountability 등의 평가 기준이 여기에 해당된다. 두 번째 범주

• 〈표 1-17〉 좋은 저널리즘 판단 기준의 3범주 •

- 사회 · 권력과의 관계: 자유, 독립성, 책임, 권력 감시 등
- 재정 · 경영 측면: 투자의 규모, 편집국 규모, 자체 생산 기사 비율 등
- 기사의 질
  - 계량: 다원성(취재원, 이해 당사자), 투명성(실명의 원칙과 취재 과정의 정직성), 상호교류성
  - 비계량: 정확성, 글쓰기 역량, 맥락 제공 등

는 언론사의 경영 철학 또는 재정적 투입 의지 등을 평가하는 기준들이다. 신문이나 방송사의 편집국 규모newsroom staff size, 전체 기사에서 자체 생산 기사가 차지하는 비중 등의 기준이 이 항목에 해당한다. 세 번째 범주는 기사 자체의 품질에 주목하는 요소들을 포괄한다. 여기에는 취재원의 다원성diversity, 기사 쓰기의 투명성transparency, 그리고 디지털 플랫폼에서의 상호교류성interactivity 등의 기준이 해당된다. 기사의 품질을 판단하기 위한 기준들에는 이밖에도 정확성accuracy과 글쓰기 역량literary style 또는 presentation quality, 그리고 맥락 제공 여부contextualization 등이 주요 기준으로 자주 언급됐다(〈표 1-17〉 참조).

좋은 저널리즘 연구회는 이 기준들을 놓고 여러 차례 토론을 거듭하며, 한국 신문 저널리즘의 품질 평가에 적합한 조합을 찾으려 노력했다. 또 이들에 더해 한국 저널리즘의 특수성을 드러내는 몇 가지 요소를 포함시키는 문제를 두고도 수차례 열띤 토론을 했다. 한국 저널리즘의 특수한 상황을 드러내는 요소들은 예를 들면, 무주체 피동형 문장의 사용과 기사 제목에서 직접 인용구를 사용하는 관행, 그리고 부정적 내용을 담은 인용구를 익명으로 사용하는 문제 등을 포함한다(〈표 1-18〉 참조).

• 〈표 1-18〉 한국 저널리즘만의 특수한 관행들 •

1. 인용구의 주관적 술어
2. 익명으로 된 부정적 내용의 직접 인용구
3. 제목의 직접 인용구
4. 무주체 피동형 문장

이 책을 위해 함께 작업한 연구진은 앞서 제시한 여러 기준들 가운데 정치, 사회적 맥락과 경영적 차원의 평가 기준들은 포함시키지 않기로 정리했다. 좋은 저널리즘 연구 작업의 근본 목적이 뉴스를 소비하는 독자들에게 품질이 높은 기사를 제공할 수 있는 인식의 틀을 제시하는 데 있기 때문이다. 또 그에 못지않게 중요한 목적이 현장에서 취재하고 뉴스를 생산하는 기자들이 생산자 차원에서 자신들이 만들어내는 제품의 수준이 어떠하며, 어떠한 점에서 부족한지를 구체적으로 느낄 수 있는 자료를 제공하는 데 있기 때문이다.

기사의 품질을 평가하는 기준들 가운데 정확성과 글쓰기 역량은 역시 이번 보고서 분석 대상에서 제외했다. 이들은 속성상 수용자들이나 전문가들의 주관적 인식을 조사해 평가해야 하기 때문이다.

결국 이 책에서는 PEJ에서 사용한 취재원의 다원성, 이해 당사자의 다원성, 그리고 복합적 관점의 제시 여부 등을 핵심 평가 요소로 사용하기로 결정했다. 그리고 거기에 덧붙여, 앞에서 예시한, 지극히 한국적 저널리즘 현실을 부정적으로 잘 드러내는 몇 가지 요소의 실태를 별도로 분석해 해외 유수 신문과의 차이를 수용자들과 언론인들에게 제공하기로 했다.

참고문헌

김민환(2007). 한국 언론과 객관주의 보도원칙. 임상원·김민환·양승목·이재경·임영호 공저. **민주화 이후의 한국 언론**(pp. 101-138). 서울: 나남.

김영욱·진민정·강신규(2014). **저널리즘의 품질: 평가기준과 모델**. 서울: 한국언론진흥재단.

남시욱(1996). 권위지 도약 원년으로, 사장 신년사. **고급지 제작 연구자료집**(p. 423). 문화일보사 미간행 자료.

박재영(2006). 뉴스 평가지수 개발을 위한 신문 1면 머리기사 분석. 2020 미디어위원회 실행위원회 편. **한국의 뉴스미디어 2006: 한국 저널리즘과 뉴스미디어에 대한 연차보고서**(pp. 147-220). 서울: 한국언론진흥재단.

박재영·이완수(2007). **한국 신문의 1면 기사: 뉴스평가지수를 적용한 신문별, 연도별 비교(1990~2007)**. 서울: 한국언론진흥재단.

______(2010). **뉴스평가지수의 개발과 적용**. 서울: 한국언론진흥재단.

이건호·정완규(2008). 한국과 미국신문의 1면 기사 비교: 취재영역 및 보도형태별 취재원 출현에 따른 심층성 분석. **한국언론학보, 52**(4):25-49.

이재경·김진미(2000). 한국 신문 기사의 취재원 사용관행 연구. **한국언론학연구, 2**, 160-181.

이재경(2013). **한국형 저널리즘 모델**. 서울: 이화여자대학교출판문화원.

한국 언론 2000년 위원회(2000). **한국언론의 좌표**. 서울: 관훈클럽.

Anderson, P. (2014). Defining and measuring quality news journalism. In Anderson, P. J., Ogola, G., & Michael, W. (Eds.), *The future of quality news journalism: A cross-continental analysis*. (pp. 7-34). New York & London: Routledge.

Anderson, P. J., Ogola, G., & Michael, W. (Eds.) (2014). *The future of quality news journalism: A cross-continental analysis*. New York & London: Routledge.

Bogart, L. (1989). *Press and the public: Who reads what, when, where, and why in American newspapers*, Hillsdale, NJ : Lawrence Erlbaum Associates.

______(2004). Reflections on content quality in newspapers. *Newspaper Research Journal, 25*(1), 40-53.

Commission on Freedom of the Press. (1947). *A free and responsible press: A general report on mass communication: Newspapers, radio, motion pictures, magazines and books*. Chicago, IL: University of Chicago Press.

Kovach, B., & Rosenstiel, T. (2001). *The elements of journalism: What newspeople should know and the public should expect*. New York: Three Rivers.

______(2007). *The elements of journalism: What journalists should know and the public should expect*. New York: Three Rivers.

______(2014). *The elements of journalism: What newspeople should know and the public should expect* (3rd ed.). New York: Three Rivers.

Lacy, S., & Rosenstiel, T. (2015). *Defining and measuring quality journalism*. Retrieved from Rutgers School of Communication and Information: http://mpii.rutgers.edu/wp-content/uploads/sites/129/2015/04/Defining-and-Measuring-Quality-Journalism.pdf

Lashmar, P. (2014). From the insight team to Wikileaks: The continuing power of investigative journalism as a benchmark of quality journalism. In P. J. Anderson, G. Ogola, & W. Michael (Eds.), *The future of quality news journalism: A cross-continental analysis* (pp. 35-52). New York & London: Routledge.

Lippmann, W. (1922). *Public opinion*. New York: Free Press.

Lippmann, W., & Merz, C. (1920). A test of the news. *The New Republic*, *23*(4 August 1920), 1-42.

Litman, B. R., & Bridges, J. (1986). An economic analysis of daily newspaper performance. *Newspaper Research Journal*, *7*(3), 7-26.

McQuail, D. (2005). *McQuail's Mass Communication Theory* (5th ed.). London, UK: Sage.

Merrill, J. C. (1968). The elite press: Great newspapers of the world. New York: Putnam.

Merrill, J. C., & Fisher, A. H. (1980). *The world's great dailies: Profiles of fifty newspapers*. New York: Hastings House.

Meyer, P. (2004). The influence model and newspaper business. *Newspaper Research Journal*, *25*(1), 66-83.

______(2010). *The vanishing Newspaper: Saving journalism in the information age*. Columbia, MO: University of Missouri Press.

Picard, R. G. (2000). Measuring quality by journalistic activity, In R. G. Picard (Ed.), *Measuring media content, quality and diversity: Approaches and issues in content research*. Turku, Finland: the Media Group, Business and Research Development Center, Turku School of Economics and Business Adminstration, 25-50.

Rosenstiel, T., & Mitchell, A. (2004). The impact of investing in newsroom resources. *Newspaper Research Journal*, *25*(1), 84-97.

Scheuer, J. (2008). *The big picture: Why democracies need journalistic excellence*. London, UK: Routledge.

Schudson, M. (1978). *Discovering the news: A social history of American newspapers*. New York: Basic Books.

Shapiro, I. (2010). Evaluating journalism: Toward an assessment framework for the practice of journalism. *Journalism Practice*, *4*(2): 143-162.

Vehkoo, J. (2010). *What is quality journalism and how it can be saved*. Oxford, UK: Reuters Institute for the Study of Journalism.

Williams, M. (2014). Quality journalism in the UK in print and online. In P. J. Anderson, G. Ogola, & W. Michael (Eds.) *The future of quality news journalism: A cross-continental analysis*. (pp. 103-126). New York & London, UK: Routledge.

2장

기사 품질 평가의 대상과 방법

한국 10대 일간지와 해외 3대 유력지의 1면 기사 비교

김경모

1. 분석 대상

이 연구는 뉴스의 품질을 측정하고 평가하기 위한 분석 항목의 검토를 통해 뉴스 품질 평가 지수를 개발하고 이를 활용해 개선된 저널리즘 환경을 조성하고자 시작됐다. 발행 부수와 영향력 등을 고려해 국내 종합 일간지 10개(경향신문, 국민일보, 동아일보, 문화일보, 서울신문, 세계일보, 조선일보, 중앙일보, 한겨레, 한국일보)와 미국의 뉴욕타임스, 영국의 더 타임스, 일본의 아사히신문을 포함하는 3개국 13개 신문 매체를 선정했다. 그리고 이 신문들을 대상으로 1면의 중심 기사 3개씩을 선택해 내용 분석을 수행했다.[1] 1면 기사로 분석을 한정한 이유는 각 신문사의 대표성을 드러내는 핵심 지면이자(박재영, 2004, 2006, 2007; 이진영·박재

1 1면 기사가 3개 이상일 경우, 기사의 크기와 위치 등을 고려해 중요 기사 3개만 선택했다. 3개 이하일 경우, 1면 기사 전부를 분석했다.

영, 2010; Brooks, Kennedy, Moen, & Ranly, 2002) 해당 날짜의 가장 중요한 뉴스를 아우르는 집합적 공간으로서 1면의 기사 배열이 신문사의 편집 의중과 특성을 반영하는 의미 있는 지표로 여겨지기 때문이다(이건호·정완규, 2008; Blood & Philips, 1997; Danielson & Lasorsa, 1997).

2. 분석 기간과 표집 방법

2016년 1월 1일부터 12월 31일까지 분석 기간을 설정했다. 주週 구성 표집constructed week sampling으로 매달 2일씩 총 24일, 4주에 달하는 날짜를 무작위로 추출한 뒤 해당 날짜의 1면 기사 3개씩을 표본으로 선택했다.[2] 〈표 2-1〉은 주 구성 표집으로 추출된 날짜를 보여준다. 해당 월의 1일이 일요일에서 수요일 사이에 있으면 그 주를 첫 번째 주로, 1일이 목요일에서 토요일 사이에 있으면 그다음 주를 첫 번째 주로 간주했다.

먼저 12종의 분석 대상 신문은 모두 표집 날짜에 신문을 발행하는 것으로 확인됐다. 모든 분석 기사는 해당 날짜의 1면 인쇄본을 기준으로 삼았다.[3] 하지만 문화일보는 토요일자 신문도 발행하지 않아 3월

2 주 구성 표집은 요일별 변이가 뚜렷한 신문 편집의 특성을 감안해 요일 영향(주기성)을 통제하는 층화 무작위 표집(stratified random sampling)의 한 유형이다. 일반적으로 한 해 분량의 신문 기사를 모집단으로 설정할 경우 통계량의 표준오차 등을 고려할 때 2주 정도의 표본이면 적당한 크기라고 알려져 있다(Riffe, Aust, & Lacy, 1993). 하지만 한국 신문의 경우 일요일에 신문을 발행하지 않아 좀 더 풍부한 사례 확보와 정교한 분석을 위해 표본 크기를 늘려 24일치(4주 분량)의 기사를 수집했다.

3 내용 분석을 위해 추출 기사는 분석 지면을 모두 PDF로 처리한 뒤 코더에게 배분했다. 간혹 인쇄본의 지면 구성이 인터넷판과 다른 경우가 있어 실제 발행된 인쇄본을 분석했다.

〈표 2-1〉 주 구성 표집 결과

월	주	요일	날짜	월	주	요일	날짜	월	주	요일	날짜
1	1	수	1월 6일	5	1	월	5월 2일	9	1	금	9월 9일
1	3	목	1월 21일	5	3	화	5월 17일	9	3	토	9월 24일
2	2	목	2월 11일	6	2	화	6월 7일	10	2	토	10월 15일
2	4	금	2월 26일	6	4	수	6월 22일	10	4	월	10월 24일
3	1	토	3월 5일	7	1	목	7월 7일	11	3	월	11월 14일
3	3	금	3월 18일	7	3	수	7월 20일	11	5	화	11월 29일
4	2	월	4월 11일	8	2	금	8월 12일	12	1	수	12월 7일
4	4	토	4월 30일	8	4	목	8월 25일	12	4	화	12월 27일

5일, 4월 30일, 9월 24일, 10월 15일의 기사를 포함할 수 없었다. 결과적으로, 13개 신문사의 24일치에 해당하는 1면 기사는 모두 892건을 표집했다. 국내 중앙일간지 694건(77.80%), 뉴욕타임스 72건(8.07%), 더 타임스 54건(6.05%), 아사히신문 72건(8.07%)이었다(〈표 2-2〉 참조).

〈표 2-2〉 분석 기간과 분석 대상

분석 기간	2016년 1월 ~ 2016년 12월(표집일: 24일)	
분석 대상	한국(694건)	경향신문(70건), 국민일보(72건), 동아일보(71건), 문화일보(60건), 서울신문(71건), 세계일보(72건), 조선일보(72건), 중앙일보(63건), 한겨레(71건), 한국일보(72건)
	미국(72건)	뉴욕타임스(NYT)
	영국(54건)	더 타임스(The Times)
	일본(72건)	아사히신문(朝日新聞)

3. 내용 분석

13개 신문의 뉴스 품질을 평가하고 향후 지수 개발을 목적으로 다양한 변수를 적용한 내용 분석을 실시했다. 분석의 핵심은 기사의 형식, 기사의 내용, 기사의 취재원(속성)을 중심으로 뉴스가 객관적이고 공정한 저널리즘의 원칙을 준수했는지 파악하는 일이다. 뉴스 품질의 구성 요소, 뉴스의 신뢰도와 공정성, 저널리즘 평가 등에 관한 다양한 논의(박재영, 2004, 2006, 2007; 박재영·안수찬·박성호, 2014; 박재영·이완수, 2007; 이건호·정완규, 2008, 이민웅 외, 2006; 이준웅·김경모, 2008; 이진영·박재영, 2010; Abdulla, Garrison, Salwen, Driscoll, & Casey, 2002; Appelman & Sundar, 2016; Caple & Bednarek, 2015; Gladney, Shapiro, & Castaldo, 2007; Harcup & O'Neill, 2016; Heider, McCombs, & Poindexter, 2005; Kunelius, 2006; Lacy & Rosenstiel, 2015; Meijer & Bijleveld, 2016; Newhagen & Nass, 1989; Spurk, Lopata, & Keel, 2010; Urban & Schweiger, 2014; Wendelin, Engelmann, & Neubarth, 2015)를 바탕으로 내용 변수를 설정하고 기사를 분석했다.

기초적인 내용 분석과 별개로 뉴스 품질 평가 지수 개발을 위한 사전 작업의 일환으로 미국의 '우수 저널리즘을 위한 프로젝트'가 개발한 보도 지수인 PEJ 지수와 이를 국내외 상황에 맞게 항목을 조정 보완한 수정 지수 등을 이용해 실용적인 뉴스 품질 지수 개발의 가능성을 가늠해보았다. 내용 분석을 위한 주요 변수의 개념화와 측정은 다음과 같다.

1) 주요 변수의 개념화와 측정

(1) 기사의 기본 정보[4]

- 기사 게재일: 기사 게재일은 '개별 기사가 신문에 실린 날짜'를 말한다. 분석 기사가 게재된 날짜를 해당 연도/월/일 단위로 기록했다.
- 기사 게재 순서: '해당일에 게재된 1면 기사 가운데 중요도와 크기, 위치 순서로 설정된 차례'를 의미한다. 인쇄본의 편집을 기준으로 첫 번째 기사를 1, 두 번째 기사를 2, 세 번째 기사를 3으로 기록했다.
- 기사 출처: '개별 기사가 게재된 신문사명'을 말한다. 총 13개 신문사에 일련번호를 부여해 기사 출처를 구분했다. 필요한 경우, 기사 출처를 국가별로 재분류한 뒤 분석에 적용했다.
- 기사 제목: '개별 기사의 표제'를 의미한다. 분석 기사의 주제목을 대상으로 '단독', '전문', '속보' 등 기사 표제의 속성을 표현하는 단어까지 포함해 기록했다.

(2) 기사의 형식[5]

- 점프 기사: '1면을 넘어 다른 지면으로 이어지는 기사'를 말한다. 주로 기사 마지막에 'ㅇㅇ면에 계속', 'Continued to page ㅇㅇ'과 같은 표현이 있는 기사가 해당한다. '관련 기사 ㅇㅇ면' 표시가 있는 경우는 점프 기사로 처리하지 않았다. 점프 기사와 일반 기사(점프 기사가 아닌 경우)로 분류해 기록했다.

---

4 개별 뉴스 기사가 분석 단위(unit of analysis)다.

5 개별 뉴스 기사가 분석 단위다.

- 기사의 유형: '개별 기사가 작성된 형식'을 말한다. '객관 기사', '분석·해설 기사', '의견 기사', '피처 기사', '사진 기사'로 분류한 뒤 번호를 지정했다. '객관 기사'는 스트레이트를 포함, 사실 정보를 육하원칙에 따라 건조하게 서술한 기사를 뜻한다. '분석·해설 기사'는 특정 사건이나 이슈에 대해 기사 작성자가 객관적 평가, 상황에 대한 분석 또는 해설을 포함한(가미한) 기사를 의미한다. '의견 기사'는 사설, 칼럼, 논평 같이 작성자(언론사)의 의견이 직접적이고 분명하게 드러난 기사를 말한다. '피처 기사'는 사실 그 자체보다 이면에 숨겨진 이야기나 화젯거리, 미담이나 사례담 같이 평범하지 않은 독특한 소재나 에피소드 등을 다양한 전개 방식으로 길게 풀어 쓴 기사를 뜻한다. '사진 기사'는 독립적인 내용을 담고 있는 사진으로 처리된 기사로, 캡션(바이라인)을 달아 출처가 명시된 정지 영상 기사를 말한다.
- 사진, 인포그라픽스: '기사의 시각적 효과를 높이기 위한 장치로서 본문 사이 또는 끝에 관련 사진(캐리커쳐)이나 인포그라픽스를 이미지 정보로 덧붙인 경우'를 뜻한다. '사진'은 기사 내에 게재된 관련 사진을 말하는 것으로 캡션과 바이라인이 처리된 단독 사진 기사와 다르다. '인포그라픽스'는 기사와 관련된 각종 데이터나 정보를 이미지 처리해 그림이나 그래프 같이 시각적으로 표현한 경우가 해당된다. '전혀 없음', '사진(캐리커처 포함) 있음', '인포그라픽스 있음', '모두 있음'으로 분류해 기록했다.
- 바이라인: '기사 작성자(팀)의 신원 확인이 가능한 정보'를 말한다. 한국 신문의 경우 기사의 마지막에, 영미권 신문의 경우 기사 첫머리에 작성자 이름이 있다. 일본 신문의 경우 기사의 첫머리 또

는 마지막에 작성자 이름이 있거나 없는 사례도 있다. '이 기사의 작성에 ○○○, ○○○가 도움을 줬다'는 식의 표현이 달린 사례는 바이라인으로 처리하지 않았다. 바이라인은 '1명', '2명', '3명', '바이라인 없음'으로 분류해 기록했다.

- 문장 수: '개별 기사를 구성하는 전체 문장의 수'를 의미한다. 문장은 종결부호(마침표, 물음표, 느낌표 등)로 구분되며, 산출된 문장의 수를 직접 입력했다. 인용구(따옴표) 안에 있는 문장은 아무리 많은 종결부호가 있어도 구(구절)로 처리해 문장 수에는 포함시키지 않았다.
- 제목의 직접 인용구 사용: '기사의 주제목, 부제목, 문중제목(기사 본문 중간에 삽입되어 있는 제목) 등 모든 유형의 제목에 큰따옴표(" ")로 표기한 부분'을 의미한다. 직접 인용구의 존재 여부에 따라 '직접 인용구 있음', '직접 인용구 없음'으로 항목을 설정해 기록했다. 강조, 의미 재해석 등을 위해 기사 작성자가 표시한 작은따옴표(' ')를 비롯, 간접 인용으로 표현된 부분은 해당되지 않는다.

(3) 기사의 내용[6]

- 기사의 주제: '기사의 주 내용이 다루는 소재의 토픽'을 의미한다. '무엇에 대한 보도인지, 결정적으로 누구 또는 무엇 때문에 기사화됐는지'에 따라 주제를 분류했으며, 기사의 제목과 리드를 주로 참고해 가장 두드러진 주제 1개를 선택하도록 했다. 세부 항목은 '정치', '국제 관계', '남북 관계', '군사·국방', '경제·산업', '기술·과학',

---

6 개별 기사가 분석 단위다.

'환경', '복지·보건', '교육', '문화·스포츠', '미담·가십', '생활 정보', '사건·사고'로 분류해 지정된 번호를 기입했다.

- 기사의 갈등성: '기사의 내용이 논쟁적이거나 의견(주장) 또는 이해관계의 대립을 다루는 등 갈등적인 요소가 포함된 기사'를 의미한다. 기사에서 갈등을 구성하는 3요소(관계/이해 대립의 당사자(들), 갈등 이슈, 갈등의 내용과 표현)를 찾아 한 가지 요소라도 표면적으로 드러난 경우 '갈등 사안', 그렇지 않은 경우는 '비非갈등 사안'으로 기록했다.
- 정보의 독창성: '기사의 핵심 정보가 자사 혹은 기자의 고유하고 독립적인 취재 활동으로부터 도출된 정도'를 의미한다. '공개된 정보', '재가공 정보', '단독 기사'로 세부 항목을 분류했다. '공개된 정보'는 발표된 자료에 의존하거나 모두에게 알려진 정보를 기사화했으며 그런 자료나 정보를 단순히 전달하기만 한 경우를 뜻한다. '재가공 정보'는 발표된 자료나 공개된 정보에 기초하되 해설과 분석을 한 대목이라도 추가한 사례를 말한다. '단독 정보'는 기자 본인(신문사)만 취재원에게서 정보를 단독적으로 전달받아 기사를 쓴 것으로, 취재원에게서 문건이나 조사 자료를 건네받아 쓴 사례에 해당한다. 흔히 '본지가 단독으로 입수한'이라는 문구가 기사에 표현된다. 기자 스스로 정보를 발굴한 기획기사나 특종, 접근하기 어려운 인물의 특종성 인터뷰도 포함된다.
- 기사의 구성 방식: '사실에 의존해 단편적으로 기술했는지, 아니면 그것보다 포괄적인 맥락을 중심으로 다루었는지를 중심으로 기자가 내용을 구성한 구체적 방식'을 의미한다. 세부 항목을 '사건 중심'과 '맥락 중심'으로 구분해 기록했다. '사건 중심event-centered

reporting'은 전체적으로 기사를 볼 때 '무슨 일이 일어났는가?', '누가 뭐라고 말했는가?', 또는 '누가 무엇을 했는가?' 같이 육하원칙에서 사실적 요소에 집중해 기사를 구성한 것으로, 한 건의 팩트fact에만 의존해 단편적으로 사실 정보를 기술한 기사 또는 한 개인의 말이나 행동이 기사의 중심을 이루는 경우를 의미한다. 정치인의 특정 발언을 기사의 계기로 삼아 그것을 부연하고 그에 대한 타인들의 반응(발언)을 덧붙인 기사나 인물 인터뷰 등도 이에 포함된다. '맥락 중심context-centered reporting'은 한 건의 팩트가 아니라 그보다 사안 또는 이슈의 포괄적인 의미가 드러나도록 배경과 맥락이 기사의 중심 내용을 구성하는 경우가 해당한다. 주로 사실관계의 복합성이 전제된 기사로서, 사안의 발생 배경과 맥락, 곧 '왜'와 '어떻게'가 포함되어 사안과 이슈의 분석이나 설명에 비중을 둔 기사를 의미한다.

- 기사의 심층성: '기사를 구성하는 정보가 사안(이슈)과 관련된 과정·결과 요소를 포함하는 정도, 또 기자가 취재원을 동원하거나 기타 방법으로 적극적으로 취재한 뒤 사안(이슈)의 원인이나 전망 같은 추가적인 주요 정보를 포함하는 정도'를 말한다. 심층성은 '과정·결과', '원인+과정·결과', '과정·결과+전망', '원인+과정·결과+전망'으로 분류된 항목에 따라 코딩했다. 추가적인 취재 결과 없이 단순한 이슈 전달의 경우는 '과정·결과'에 포함되며, '원인'은 기자의 적극적인 취재를 통해 '~의 원인이다', '~ 때문에', '~에서 기인한다' 같은 명확한 구절로 인과성을 분석하거나 드러내는 경우를 말한다. '전망'의 경우, 과정·결과에서 비롯한 미래를 예상해보고 예측을 내리는 것을 말한다. 취재원의 발언이나 자료에 기초해

'~할 것으로 예상된다', '~라는 전망이다' 같이 기자가 주관적으로 상황 전개나 결과를 예상하는 구절이 포함된 사례를 들 수 있다.

- **관점 다양성**: '기사에서 제시된 관점이나 견해가 다양한 정도'를 의미한다. 기사의 관점 제시 양태를 중심으로 '복합적 관점', '대체로 단일 관점', '완전히 단일 관점'으로 유형화했다. 여기서 관점은 사안을 둘러싼 의견을 말한다. 일반적으로 의견이란 기사가 다루는 사안이나 이슈에 대해 '신념과 태도가 배어나는 문제 정의 또는 주장으로, 적절한 이유와 증거가 제시된 평가적 진술이나 의사 표명'(윤영철·김경모·김지현, 2015)을 지칭한다. '복합적 관점'은 하나의 의견(주장) 관련 내용이 기사의 3분의 2 이상을 차지하지 않으면서 다른 의견(들)도 충분히 제시되어 있는 경우를 뜻한다. '대체로 단일 관점'은 다른 의견이 일시적으로 또는 부분적으로 언급된 경우에 해당한다. '완전히 단일 관점'은 다른 견해에 대한 일시적인 또는 부분적인 언급조차 없는 경우다.
- **무주체 피동형 문장 수**: '피동형(수동태) 문장으로서 문장 술어의 주체가 적시되어 있지 않은 문장의 수'를 의미한다. '~로 보인다', '관측되고 있다', '예상된다', '지적을 받고 있다', '짐작하게 한다', '한 셈이다', '해야 할 판이다', '목소리가 높아지고 있다', '전해졌다', '의혹을 사고 있다' 등의 사례를 들 수 있다. 겉보기에 기자가 주도적 취재를 통해 객관적인 자료(진술)를 확보한 뒤 그 사실(의견)이 일반화된 현상인양 객관적으로 서술하고 있는 것 같지만, 주의 깊게 기사를 읽어보면 기자가 그렇게 생각하는 것으로 추정되는 점 외에 어떠한 명확한 근거 제시나 이유 설명이 없이 수동태 문장 속에 판단의 주체를 감추면서 사안에 대해 주관적 판단을 내리는 경

우라는 것을 알 수 있다. 기사에서 등장하는 해당 문장의 수를 계산해 기입했다.

- **인용구의 주관적 술어 사용**: '큰따옴표(" ")를 사용해 취재원의 발언을 직접 인용한 구절을 서술하는 말미 동사에 기자의 주관(가치 판단과 평가)이 담긴 단어를 채택해 문장을 마감한 경우'를 말한다. '밝혔다', '말했다', '언급했다', '발표했다', '답했다(기자의 질문에 답한 경우)', '진술했다'를 제외한 나머지 술어를 모두 주관적 술어로 처리했다. '강조했다', '주장했다', '당부했다', '아쉬워했다', '우려했다' 등이 대표적이라고 할 수 있다. 기사에서 주관적 술어를 사용한 문장의 수를 센 뒤 직접 기록했다.

(4) 기사의 정보 원천[7]

- **토대 정보의 신뢰성**: '기사를 구성하는 핵심 정보의 출처 확인 또는 근거 제시의 충분성'을 의미한다. '확인된 정보', '미확인 정보', '확인 불가'로 세부 항목을 구성한 뒤 기록했다. 기사의 토대가 되는 핵심 정보(대개 기사의 리드나 본문의 앞부분에 위치)에 주목해 정보의 신뢰성을 판단했다. 이때 익명의 취재원을 포함해 정보를 제공한 취재원이 언급되면 '확인된 정보'로 코딩했다. 하지만 그 정보의 사실 여부가 명확히 확인되지 않은 가운데 기사가 전개된다면 사실 확인 원칙에 어긋난다고 보아야 한다. 따라서 '~라는 의혹이 제기됐다' 또는 '~인 것으로 알려져 파문이 예상된다'는 식의 표현이나, 의혹을 뒷받침할 만한 상당한 근거가 제시되지 않은 단순 의혹 제

---

7 개별 기사가 분석 단위다.

기에 그칠 경우 '미확인 정보'로 코딩했다. 마지막으로, '확인 불가'는 기사의 토대 정보를 제공한 취재원이 확인되지는 않지만 기사의 신뢰성 자체가 훼손되는 것은 아닌 경우를 말한다. 토대 정보의 신뢰성을 단순히 취재원의 유무로만 판단하기 어려운 특수한 사례를 포함한다. 예를 들어, 사진을 찍은 기자의 신원 정보 외에는 시각 정보만 존재하는 사진 기사, 주변 환경 묘사가 대부분인 커버스토리, 사실관계와 의견으로 이뤄진 의견 기사의 경우가 해당된다.

- **토대 정보를 제공한 취재원의 실명 공개**: '기사에서 중요한 토대 정보를 제공한 핵심적인 취재원의 실명 게재 여부'를 의미한다. 항목은 '실명', '익명', '취재원 없음'으로 유형화해 기록했다.
- **일반인 취재원 수**: '실명과 익명을 모두 포함해 일반 시민을 기사의 취재원으로 활용한 정도'를 의미한다. 정치인, 공무원, 전문가(교수, 박사, 의사, 변호사 등), 기업 임직원, 시민단체 관계자 등을 제외한 순수 일반 시민이 일반인 취재원에 해당한다. 주부, 학생, 시장 상인 등 평범한 서민이 취재원으로 등장하는 경우를 포함한다.
- **독립 취재원 수**: '실명과 익명을 포함해 독립 취재원을 기사의 취재원으로 활용한 정도'를 뜻한다. 독립 취재원이란 기사가 다루는 특정 사안과 이해관계가 없는 취재원을 뜻한다. 정치인이나 전문가, 일반 시민 등 누구라도 해당 사안과 관련성이 별로 없는 가운데 취재원으로 등장했다면 독립 취재원이라 할 수 있다.
- **이해 당사자 수**: '기사의 주요 사안과 관련되어 이해관계가 얽혀 있는 주체'를 뜻한다. 이해 당사자의 의견과 관계없이 기사의 사안에 이해관계로 얽힌 모든 주체들의 수를 말한다. 기사에 등장하는 이해 당사자 수를 파악한 뒤 기록했다.

(5) 취재원 속성[8]

- **취재원 유형**: '기사에 등장하는 취재원의 종류'를 의미한다. 세부 항목을 '사람', '조직과 기관', '자료', '인터넷·모바일', '기타'로 분류해 해당되는 번호로 코딩했다.
- **취재원 실명 표현 수준**: '기사에 등장하는 취재원의 신원 정보를 바르고 정확하게 공개하는 정도'를 의미한다. 실명 표현 수준은 '실명', '준실명', '익명'으로 항목을 분류해 기록했다. 세부 항목에서 '준실명'은 신원이 명확한 '실명' 수준은 아니지만 해당 취재원이 누구인지 충분히 유추할 수 있는 경우에 해당한다. '마을이장 성모 씨', 'Vice President' 같이 직책과 함께 표기되는 사례를 들 수 있다. 이와 달리, 취재원의 신원을 전혀 확인할 수 없을 때는 '익명'으로 처리했다. '법원 관계자', '○○ 소식통' 등이 해당된다.
- **전체 취재원 수**: '기사에 등장하는 취재원의 총 수'를 의미한다. 취재원 유형과 취재원 실명 표현 수준에 표시된 총 수의 합산이 곧 전체 취재원 수가 된다.
- **투명 취재원 수**: '기사에 등장하는 취재원 가운데 실명 혹은 준실명으로 판명된 경우의 수'를 뜻한다. 취재원 실명 표현 수준에서 '실명'과 '준실명'으로 표시된 전체 수의 합산이 곧 투명 취재원 수가 된다.
- **취재원 실명 비율**: '전체 취재원 수 대비 투명 취재원 수의 비율'을 뜻한다. '투명 취재원/전체 취재원'을 백분율(%)로 환산해 제시했다.

---

8 기사의 형식과 내용 특성의 분석에 주력하는 경우와 달리 취재원 관련 내용 분석은 하나의 뉴스 기사에 등장하는 개별 취재원이 분석 단위가 된다. 예비 분석 결과, 기사당 취재원은 최소 0에서 최대 39까지 등장하는 것으로 나타났다.

2) 코더 간 신뢰도

내용 분석 연구에 참여한 경험이 있는 언론학 전공 대학원생 7명(국내 일간지 담당 4명, 뉴욕타임스와 더 타임스 담당 2명, 아사히신문 담당 1명)이 기사의 코딩을 담당했다.[9] 본격 코딩에 앞서, 훈련과 애벌 코딩 연습을 위한 코딩 프로토콜을 제작했다. 이를 바탕으로 여러 차례 회의를 통해 표집된 기사 가운데 일부를 읽어가며 기사에 자주 등장한 분석 항목별 유형과 사례에 대해 정리한 뒤, 논의와 협의 과정을 거쳐 변수와 분석 항목을 재조정하고 수정하는 작업을 반복했다. 약 보름의 훈련과 애벌 코딩 과정을 거치면서 최종 코딩 프로토콜(코딩 지침서, 코딩 가이드북)을 완성했다. 코딩 훈련을 토대로 국내 일간지, 뉴욕타임스, 더 타임스 코딩에 대한 주요 변수의 단순 일치도가 80% 수준을 넘은 시점부터 본 코딩을 시작했다. 아사히신문의 경우, 담당 코더가 한 명이라 코더 간 신뢰도intercoder reliability 분석이 불가능했다. 따라서 한 명의 코더가 일정한 시간이 경과한 뒤 재再코딩한 결과를 비교해 코더 내 신뢰도intracoder reliability를 산출했다. 실제 코딩이 진행되는 동안 국내 일간지, 뉴욕타임스와 더 타임스는 표집 기사의 10~15%씩을 무작위로 선정해 총 두 차례(중간, 최종) 코더 간 신뢰도를 측정했으며, 아사히신문은 전체 코딩이 끝나고 난 뒤 일주일 후 표집 기사의 15%를 선정해 최종 코더 내 신뢰도를 측정했다. 주요 변수의 코더 간 및 코더

---

9 코딩을 담당한 고려대학교 대학원 언론학과 석사과정의 김수진, 유정원, 한은현, 그리고 연세대학교 커뮤니케이션대학원 석사과정의 김상정, 김승현, 박태하, 이승수에게 감사한다. 내용 분석의 전 과정을 관리하고 초벌 분석을 수행한 연세대학교 커뮤니케이션 대학원 박사과정의 김연수에게도 특별한 감사의 뜻을 전한다.

내 신뢰도는 〈표 2-3〉과 같다.

〈표 2-3〉 주요 변수의 코더 간 신뢰도Krippendorff's α

항목명	국내 일간지		뉴욕타임스/ 더 타임스		아사히 신문*
	중간	최종	중간	최종	최종
점프 기사	1.0	1.0	1.0	1.0	1.0
기사의 유형	.960	.967	1.0	1.0	1.0
사진, 인포그라픽스	1.0	1.0	1.0	1.0	1.0
바이라인	.931	.986	1.0	1.0	1.0
문장 수	1.0	1.0	1.0	1.0	.999
제목의 직접 인용구 사용	1.0	1.0	1.0	1.0	1.0
기사의 주제	1.0	.958	1.0	.875	1.0
기사의 갈등성	.871	.922	1.0	.831	1.0
정보의 독창성	.865	.942	1.0	1.0	.849
기사의 구성 방식	.329	.814	1.0	1.0	1.0
기사의 심층성	.914	.935	1.0	1.0	.863
관점 다양성	.882	.931	1.0	1.0	1.0
무주체 피동형 문장 수	.958	.991	1.0	1.0	1.0
인용구의 주관적 술어 사용	.980	.997	.982	1.0	1.0
익명으로 된 부정적 내용의 직접 인용구 수	.837	.800	1.0	1.0	.996
토대 정보의 신뢰성	1.0	1.0	1.0	1.0	1.0
토대 정보 취재원의 실명 공개 여부	.319	.826	1.0	1.0	1.0

* 아사히신문은 코더 내 신뢰도Krippendorff's α로 측정.

4. PEJ 지수와 한국 현실에 적합한 지수

PEJ 지수는 뉴스의 심층성 측정을 목적으로 미국의 언론 연구단체인 '우수 저널리즘을 위한 프로젝트'가 개발했다. 이 지수는 이른바 '고급기사'로 인정할 수 있는 적합한 품질 기준을 제시해 기사의 품질 평가를 가능하게 한다(박재영·안수찬·박성호, 2014, 박재영·이완수, 2007, 이건호·정완규, 2008). PEJ 지수는 갈등 기사 가운데 투명 취재원이 4개 이상, 이해 당사자가 4개 이상, 복합적 관점이 단일 기사 안에서 충족되는 정도를 지수화해서 보여준다. 이 연구는 기사의 갈등성 변수에서 '갈등 사안'으로 코딩된 기사를 대상으로 투명 취재원이 4개 이상, 이해 당사자가 4개 이상 기준을 달성하는 정도와 관점 다양성 변수에서 '복합적 관점'으로 제시된 기사의 비율을 계산해 지수화했다.

이 연구의 탐색적 목적 하나는 국내외의 다양한 상황과 언어적 맥락 등을 고려해 한국 언론계에 실질적으로 적용 가능한 뉴스 품질 평가 지수를 개발하려는 것이다. 따라서 PEJ 지수를 토대로 분석 항목을 조정하고 변환한 수정 지수를 몇 가지 산출해보았다(수정 지수의 유형은 다음의 자료 참조). 실제 조사 단계에서 여러 유형의 수정 지수와 기존 PEJ 지수를 비교하는 몇 차례의 시뮬레이션을 실시한 결과, 지수 간에 뚜렷한 차이를 발견하기 어려웠다. 따라서 외국 유력지와의 비교 타당성과 독자의 이해 편의를 위해 여기서는 PEJ 지수를 산출해 비교 분석한 결과만을 제시한다.[10]

---

10 PEJ 지수와 수정 지수의 비교는 한국 현실에 적합한 기사 품질 평가 지수를 개발하기 위한 시도의 일환이다. 표집 기사를 대상으로 비교한 결과는 지수 간 차이가 없었지만, 이 같은 기초 조사 수준의 비교 분석이 수정 지수의 타당성과 신뢰성을 보장하는 것은 아니

• PEJ 지수 산출 •

Style 1.

$$PEJ\text{지수} = \frac{(\text{투명취재원} \geq 4) \cap (\text{이해당사자} \geq 4) \cap (\text{관점다양성} = \text{복합적관점})}{(\text{기사의 갈등성} = \text{갈등사안})} \times 100$$

Style 2.

$$PEJ\text{지수} = \frac{(\text{투명취재원} \geq 4) \cap (\text{이해당사자} \geq 4) \cap (\text{관점다양성} = \text{복합적관점})}{\text{갈등사안}} \times 100$$

Style 3.

$$PEJ\text{지수} = \frac{(\text{투명취재원} \geq 4) \cap (\text{이해당사자} \geq 4) \cap (\text{복합적관점})}{(\text{기사의 갈등성} = \text{갈등사안})} \times 100$$

Style 4.

$$PEJ\text{지수} = \frac{(\text{투명취재원} \geq 4) \cap (\text{이해당사자} \geq 4) \cap (\text{복합적관점})}{\text{갈등사안}} \times 100$$

• PEJ 수정 ver. 1 •

Style 1.

$$PEJ\text{지수(수정 ver 1)} = \frac{(\text{투명취재원} \geq 3) \cap (\text{이해당사자} \geq 3) \cap (\text{관점다양성} = \text{복합적관점})}{(\text{기사의 갈등성} = \text{갈등사안})} \times 100$$

Style 2.

$$PEJ\text{지수(수정 ver 1)} = \frac{(\text{투명취재원} \geq 3) \cap (\text{이해당사자} \geq 3) \cap (\text{관점다양성} = \text{복합적관점})}{\text{갈등사안}} \times 100$$

Style 3.

$$PEJ\text{지수(수정 ver 1)} = \frac{(\text{투명취재원} \geq 3) \cap (\text{이해당사자} \geq 3) \cap (\text{복합적관점})}{(\text{기사의 갈등성} = \text{갈등사안})} \times 100$$

Style 4.

$$PEJ\text{지수(수정 ver 1)} = \frac{(\text{투명취재원} \geq 3) \cap (\text{이해당사자} \geq 3) \cap (\text{복합적관점})}{\text{갈등사안}} \times 100$$

다. 향후 더 많은 언론사를 대상으로 다양한 지면과 유형의 기사 분석을 통해 지수의 안정성을 확인하는 작업이 필요하다.

• PEJ 수정 ver. 2 •

Style 1.

$$PEJ지수(수정\ ver\ 2) = \frac{(투명취재원 \geq 3) \cap (이해당사자 \geq 3) \cap (관점다양성 = 복합적관점) \cap (무주체피동형문장수 \leq 1)}{(기사의\ 갈등성 = 갈등사안)} \times 100$$

Style 2.

$$PEJ지수(수정\ ver\ 2) = \frac{(투명취재원 \geq 3) \cap (이해당사자 \geq 3) \cap (관점다양성 = 복합적관점) \cap (무주체피동형문장수 \leq 1)}{갈등사안} \times 100$$

Style 3.

$$PEJ지수(수정\ ver\ 2) = \frac{(투명취재원 \geq 3) \cap (이해당사자 \geq 3) \cap (복합적관점) \cap (무주체피동형문장수 \leq 1)}{(기사의\ 갈등성 = 갈등사안)} \times 100$$

Style 4.

$$PEJ지수(수정\ ver\ 2) = \frac{(투명취재원 \geq 3) \cap (이해당사자 \geq 3) \cap (복합적관점) \cap (무주체피동형문장수 \leq 1)}{갈등사안} \times 100$$

참고문헌

박재영(2004). **신문 지면의 구성요소**. 서울: 미디어연구소.

______(2006). 뉴스 평가지수 개발을 위한 신문 1면 머리기사 분석. 2020 미디어위원회 실행위원회 편. **한국의 뉴스미디어 2006: 한국 저널리즘과 뉴스미디어에 대한 연차보고서**(pp. 147-220). 서울: 한국언론진흥재단.

______(2007). **2007 뉴스평가지수 연구서**. 서울: 한국언론진흥재단.

박재영·안수찬·박성호(2014). 대통령 선거보도의 기사 품질, 심층성, 공공성의 변화: 1992~2012년 국내 주요 신문의 경우. **방송문화연구**, **26**(2),

33-66.

박재영·이완수(2007). 한국 신문의 1면 기사: 뉴스평가지수를 적용한 신문별, 연도별 비교(1990~2007). 서울: 한국언론진흥재단.

윤영철·김경모·김지현(2015). 의견다양성을 통해 본 언론매체의 이념적 지형도: '경제민주화' 이슈 보도의 의견 분석을 중심으로. 방송통신연구, 89, 35-64.

이건호·정완규(2008). 한국과 미국신문의 1면 기사 비교: 취재영역 및 보도형태별 취재원 출현에 따른 심층성 분석. 한국언론학보, 52(4):25-49.

이민웅·윤영철·윤태진·최영재·김경모·이준웅(2006). 방송 저널리즘과 공정성 위기. 서울: 지식산업사.

이준웅·김경모(2008). '바람직한 뉴스'의 구성조건: 공정성, 타당성, 진정성. 방송통신연구, 67, 9-44.

이진영·박재영(2010). 한국 신문 보도의 다양성 연구. 한국언론학보, 54(3), 301-325.

Abdulla, R. A., Garrison, B., Salwen, M., Driscoll, P., & Casey, D. (2002). The credibility of newspapers, television news, and online news. Paper presented at the Association for Education in Journalism and Mass Communication Annual Convention, Miami Beach, FL, August, 2002.

Appelman, A., & Sundar, S. (2016) Measuring message credibility: Construction and validation of an exclusive scale. *Journalism & Mass Communication Quarterly, 93*(1), 59-79.

Blood, D. J., & Philips, P. D. B. (1997). Economic headline news on the agenda: New approaches to Understanding causes and effects. In M.

E. McCombs, D. Show, & D. Weaver (Eds.), *Communication and Democracy* (pp. 97-114). Mahwah, NJ.: Lawrence Erlbaum Associates.

Brooks, B., Kennedy, G., Moen, D., & Ranly, D. (2002). *News reporting and writing* (7th ed.). New York: Bedford/St. Martin's.

Caple, H., & Bednarek, M. (2015). Rethinking news values: What a discursive approach can tell us about the construction of news discourse and news photography. *Journalism, 17*(4), 435-455.

Danielson, W. A., & Lasorsa, D. L. (1997). Perceptions of social change: 100 Years of fromt-page content in the New York Times and The Los Angeles Times. In C. W. Robers (Ed.), *Text analysis for the social sciences: Method for drawing statistical infernece from texts and trsnscripts* (pp. 103-115). Mahwah, NJ; Lawrence Erlbaum Associations.

Gladney, G. A., Shapiro, I., & Castaldo, J. (2007). Online editors rate web news quality criteria. *Newspaper Research Journal, 28*(1), 55-69.

Harcup, T., & O'Neill, D. (2016). What is news?: News values revisited(again). *Journalism Studies, 18*(12), 1-19. Retrieved from http://dx.doi.org/10.1080/1461670X.2016.1150193

Heider, D., McCombs M., & Poindexter, P. M. (2005). What the public expects of local news: Public and traditional journalism. *Jouranlism & Mass Communication Quarterly, 82*(4), 952-967.

Kunelius, R. (2006). Good journalism. *Journalism Studies, 7*(5), 671-690.

Lacy, S., & Rosenstiel, T. (2015). *Defining and measuring quality journalism.* Retrieved from Rutgers School of Communication and Information: http://mpii.rutgers.edu/wp-content/uploads/

sites/129/2015/04/Defining-and-Measuring-Quality-Journalism.pdf

Meijer, I. C., & Bijleveld, H. P. (2016). Valuable journalism: Measuring news quality from a user's perspective. *Journalism Studies, 17*(7) 827-839.

Newhagen, J., & Nass, C. (1989). Differential criteria for evaluating credibility of newspapers and TV news. *Journalism Quarterly, 66*(2), 277-284.

Riffe, D., & Aust, C. F., & Lacy, S. R. (1993). The effectiveness of random, consecutive day and constructed week sampling in newspaper content analysis. *Journalism Quarterly, 70*, 133-139.

Spurk, C., Lopata, S., & Keel, G. (2010). Measuring the 'democratic' quality of radio news: Experiences form Liberia. *Journal of African Media Studies, 2*(2), 173-192.

Urban, J., & Schweiger, W. (2014). News quality from the recipients' perspective. *Journalism Studies, 15*(6), 821-840.

Wendelin, M., Engelmann, I., & Neubarth, J. (2015). User rankings and journalistic news selection: Comparing news values and topics. *Journalism Studies, 18*(2), 135-153. Retrieved from http://dx.doi.org/10.1080/1461670X.2015.1040892

3장

한국과 해외 신문의 공통점과 차이점

기사 양식과 유형의 특징

이나연

1. 기사 유형: 스트레이트 중심 vs 분석 중심

한국 신문의 기사는 미국이나 영국의 유력 신문에 비해 짧다. 왜 한국의 기사가 유독 짧은지에 대해서는 다양한 해석이 있겠지만, 남재일(2008)은 한국 신문의 "탈정치화 맥락"에서 설명했다. 즉, 기자의 해석을 배제하고 정치적 맥락을 제외한 채 최대한 짧게 사건만을 보도하게 됐다는 주장이다.

연구 결과도 크게 다르지 않았다. 신문의 1면에 실리는 기사의 유형을 스트레이트, 분석·해설 기사, 의견 기사, 피처 기사, 사진 기사 등 5개 유형으로 분류한 결과 한국 신문의 경우 스트레이트 기사의 비율이 84%였으며 분석·해설 기사는 10.1%에 머물렀다. 이에 비해 뉴욕타임스는 스트레이트는 20.8%, 분석·해설 기사가 59.7%에 이르렀다. 다만, 더 타임스와 아사히신문도 스트레이트 비율이 각각 87.0%,

72.2%로 분석·해설 기사 등과 같은 다른 유형의 기사보다 많았다(〈표 3-1〉 참조). 국가별 차이는 통계적으로 유의했으나 국내 10개 언론사 간에는 유의미한 차이가 없었다.

〈표 3-1〉 국가별 기사 유형 비율

(단위: %)

	스트레이트	분석 · 해설 기사	의견 기사	피처 기사	사진 기사
국내 일간지	84.0	10.1	1.2	4.5	0.3
뉴욕타임스	20.8	59.7	1.4	18.1	0.0
더 타임스	87.0	9.3	0.0	3.7	0.0
아사히신문	72.2	22.2	1.4	4.2	0.0

2. 점프 기사 여부

뉴욕타임스와 더 타임스의 기사는 길기 때문에 대부분 기사가 1면에서 다른 지면으로 이어지는 점프 기사의 형태였다. 그러나 한국의 경우에는 점프 기사의 비중이 10건 중 1건 정도에 불과했다. 다시 말해 뉴욕타임스의 모든 기사가 점프 기사였으며, 더 타임스는 10건 중 약 6.5건, 한국은 약 1.4건이었다. 한편, 아사히신문의 점프 기사 비율은 2.8%로 가장 낮았다. 이러한 차이는 통계적으로도 유의했다(〈표 3-2〉 참조).

1면에 점프 기사를 포함한 정도는 국내 신문사별로도 유의한 차이가 있었다. 한겨레와 조선일보의 점프 기사 비율이 각각 26.8%, 26.4%로 가장 높았으며, 그다음은 중앙일보(19.0%) 서울신문(18.3%)

〈표 3-2〉 국가별 점프 기사 여부 비율

(단위: %)

	점프 기사	일반 기사
국내 일간지	13.8	86.2
뉴욕타임스	100.0	0.0
더 타임스	64.8	35.2
아사히신문	2.8	97.2

등이었다. 문화일보는 점프 기사가 하나도 없었으며, 경향신문의 점프 기사 비율도 4.3%로 낮은 편이었다. 다시 말해 한겨레의 경우 1면에 실리는 기사 4개 중 1개꼴로 점프 기사였지만, 문화일보는 전혀 없는 등 점프 기사를 사용하는 빈도에서 큰 차이를 보였다(〈표 3-3〉 참조).

3. 기사의 주제별 분포

신문 1면에 실리는 기사의 주제도 국가별로 차이를 보였다. 〈표 3-4〉를 보면, 한국 신문과 뉴욕타임스는 정치 기사가 가장 많았지만, 더 타임스와 아사히신문은 사건·사고 기사가 가장 많았다. 구체적으로, 한국 신문에서는 정치가 10건 중 3.5건 정도였으며 다음은 경제(15%), 남북 관계(11.8%) 등의 순서였다. 이에 비해 뉴욕타임스는 정치 기사가 40.3%로 가장 많았으며, 다음은 사건·사고(18.8%)였다. 특이하게도 한국 신문의 경우 사건·사고 기사를 1면에 다루는 사례가 많지 않았으나(6.5%) 해외 주요 신문들은 사건·사고 기사를 심도 있게 보도한다는 차이를 보였다.

〈표 3-3〉 국내 일간지의 점프 기사 여부 비율

(단위: %)

	점프 기사	일반 기사
경향신문	4.3	95.7
국민일보	5.6	94.4
동아일보	12.7	87.3
문화일보	0.0	100.0
서울신문	18.3	81.7
세계일보	12.5	87.5
조선일보	26.4	73.6
중앙일보	19.0	81.0
한겨레	26.8	73.2
한국일보	11.1	88.9
전체	13.8	86.2

또한 국가별로 중시하는 주제도 조금씩 달랐다. 예를 들어, 뉴욕타임스는 기술·과학 관련 기사가 1면에 자주 실렸으나(6.9%) 더 타임스와 아사히신문은 복지·보건 관련 기사가 각각 11.1%, 9.7%로 높은 편이었다. 일본의 노령화, 영국의 복지 중심 정책이 엿보이는 결과로 해석된다. 한국은 다른 국가에 비해 경제나 산업 주제의 1면 기사가 많았(11.8%)으나 뉴욕타임스와 더 타임스는 각각 6.9%, 7.4%에 불과했다.

한편 국내 10개 신문의 경우, 1면에 게재된 기사 주제가 통계적으로 유의한 차이를 보이지 않았다. 다만, 남북 관계 기사의 경우 경향신문은 2.9%에 불과했으나 문화일보는 20.0%로 가장 높았다. 또한, 국제 관계를 다룬 뉴스의 경우 국민일보는 1.4%에 머물렀으나 조선일보는 13.9%에 이르러 큰 차이를 보였다.

〈표 3-4〉 국가별 기사 주제 비율

(단위: %)

	국내 일간지	뉴욕타임스	더 타임스	아사히신문
정치	36.2	40.3	25.9	12.5
국제 관계	7.9	11.1	5.6	18.1
경제 · 산업	15	6.9	7.4	11.1
사건 · 사고	6.5	18.1	27.8	23.6
남북 관계	11.8	0.0	0.0	5.6
교육	5.2	2.8	7.4	2.8
문화 · 스포츠	4.8	1.4	1.9	5.6
복지 · 보건	4.3	4.2	11.1	9.7
기술 · 과학	2.3	6.9	5.6	4.2
환경	2.3	1.4	3.7	2.8
군사 · 국방	2	4.2	1.9	2.8
미담 · 가십	0.7	2.8	0.0	0.0
생활 정보	1	0.0	1.9	1.4

4. 갈등성 기사의 비중

1면에 실리는 기사 중 갈등 사안의 비중은 한국이 더 타임스와 유사한 수준, 뉴욕타임스보다는 낮은 수준, 아사히신문에 비해서는 높은 수준이었다. 구체적으로 국내 일간지 기사 중 약 60%가 갈등성 기사였으며, 뉴욕타임스는 74%, 더 타임스는 57%, 아사히는 49% 정도였다(〈표 3-5〉 참조).

〈표 3-5〉 국가별 갈등성 기사의 비율

(단위: %)

	갈등 사안	비갈등 사안
국내 일간지	58.6	41.4
뉴욕타임스	73.6	26.4
더 타임스	57.4	42.6
아사히신문	48.6	51.4

〈표 3-6〉을 보면, 국내 일간지별로는 한겨레의 1면에서 갈등성 기사를 가장 많이 볼 수 있었고(70.4%), 다음은 한국일보(69.4%) 조선일보(65.3%) 등의 순서였다. 1면에 실리는 기사 중 갈등 사안 기사의 비중이 가장 낮은 언론사는 서울신문으로 절반 이하인 45.1%에 머물렀다.

〈표 3-6〉 국내 일간지 기사의 갈등성 기사 비율

(단위: %)

	갈등 사안	비갈등 사안
경향신문	52.9	47.1
국민일보	61.1	38.9
동아일보	56.3	43.7
문화일보	56.7	43.3
서울신문	45.1	54.9
세계일보	54.2	45.8
조선일보	65.3	34.7
중앙일보	54.0	46.0
한겨레	70.4	29.6
한국일보	69.4	30.6
전체	58.6	41.4

5. 기사 길이: 짧은 기사 vs. 롱 저널리즘

한국 기사의 길이는 유독 짧은 편으로 나타났다. 국내 일간지 기사의 평균 문장 숫자는 15.8개로 미국 뉴욕타임스 평균인 68개의 4분의 1에 불과했고, 더 타임스의 27개, 아사히신문의 17개보다도 짧았다(〈표 3-7〉 참조).

〈표 3-7〉 국가별 기사 내 문장 수

	기사당	최소	최다
국내 일간지	15.82	4	89
뉴욕타임스	68.01	15	208
더 타임스	27.13	8	45
아사히신문	17.50	5	70

구체적으로 한국 기사 중 가장 짧은 기사는 4개의 문장으로 이뤄진 기사였다. 겨우 4개의 문장으로 이뤄진 기사는 동아일보, 조선일보, 중앙일보, 한국일보, 한겨레 등 5개 언론사에서 확인할 수 있었다.

국내 언론사별 평균 문장의 길이로 볼 때, 문화일보의 기사가 평균 11.8개로 가장 짧았으며, 다음은 서울신문(13.85개), 세계일보(13.89개) 등의 순서였다. 기사의 길이가 가장 긴 언론사는 국민일보로 19.24개였으며 다음은 한겨레(18.23개), 동아일보(17.32개). 조선일보(17.01개) 등의 순서였다(〈표 3-8〉 참조).

특히 기사당 최다 문장 수의 경우 언론사별로 큰 차이를 보였다. 예를 들어 경향신문에서 최다 문장으로 이뤄진 기사는 87개였으나 문화일보나 세계일보는 각각 22개, 23개였다.

〈표 3-8〉 국내 일간지의 기사 내 문장 수

	기사당	최소	최다
경향신문	14.89	5	87
국민일보	19.24	8	45
동아일보	17.32	4	89
문화일보	11.78	6	22
서울신문	13.85	5	29
세계일보	13.89	6	23
조선일보	17.01	4	53
중앙일보	15.46	4	39
한겨레	18.23	4	77
한국일보	15.86	4	44
전체	15.82	4	89

6. 시각적 요소의 활용 방식

기사뿐 아니라 사진이나 인포그라픽스와 같은 시각물의 사용에서도 국가별로 차이가 컸다. 뉴욕타임스가 시각물을 가장 적게 사용하는 언론사였으며, 아사히신문이 가장 많이 사용했다. 시각물 중 사진을 가장 활발하게 사용하는 신문사는 영국의 더 타임스였으며, 인포그라픽스를 가장 많이 활용하는 신문사는 일본의 아사히신문이었다. 이러한 차이는 통계적으로도 유의했다(〈표 3-9〉 참조).

한국 신문사 중 시각물을 많이 사용하는 언론사는 중앙일보와 국민일보였다. 예를 들어, 중앙일보는 사진을 쓴 기사와 인포그라픽스를 쓴 기사의 비율이 각각 23.8%, 12.7%에 이르렀다. 시각물에 가장 인

〈표 3-9〉 국가별 사진 및 인포그라픽스 유무 비율

(단위: %)

	전혀 없음	사진 있음	인포그라픽스 있음	모두 있음
국내 일간지	69.6	14.1	14.7	1.6
뉴욕타임스	94.4	1.4	4.2	0.0
더 타임스	85.2	14.8	0.0	0.0
아사히신문	51.4	9.7	34.7	4.2

색한 언론사는 동아일보였다. 사진을 쓴 기사는 9.9%, 인포그라픽스는 2.8%에 불과했다. 1면 기사에 대한 시각물의 사용 정도는 한국 신문사별로도 유의한 차이를 보였다(〈표 3-10〉 참조).

〈표 3-10〉 국내 일간지의 사진 및 인포그라픽스 유무 비율

(단위: %)

	전혀 없음	사진 있음	인포그라픽스 있음	모두 있음
경향신문	64.3	22.9	12.9	0.0
국민일보	62.5	15.3	20.8	1.4
동아일보	84.5	9.9	2.8	2.8
문화일보	80.0	13.3	6.7	0.0
서울신문	71.8	7.0	18.3	2.8
세계일보	66.7	11.1	22.2	0.0
조선일보	63.9	11.1	20.8	4.2
중앙일보	61.9	23.8	12.7	1.6
한겨레	76.1	8.5	12.7	2.8
한국일보	65.3	19.4	15.3	0.0
전체	69.6	14.1	14.7	1.6

참고문헌

남재일(2008). 한국 객관주의 관행의 문화적 특수성: 경찰기자 취재 관행의 특수성. 언론과학연구, 8(3), 233-270.

4장

기사의 품질 평가

취재원과 정보의 질을 중심으로

박재영·이나연

앞선 장에서 밝힌 바와 같이, 다각도에서 기사의 품질을 평가해온 선행연구를 토대로 취재원의 질, 취재원의 독립성, 기사가 전하는 정보의 가치, 주관의 배제, 정보의 독창성 등으로 기사의 품질을 평가했다. 이어 마지막으로 미국의 PEJ가 제시한 평가 항목에 따라 한국 신문의 1면 기사를 평가하고 그 결과를 제시했다. PEJ의 항목은 투명 취재원 수, 관점 다양성, 이해 당사자 수 등이다.

1. 취재원의 질과 취재원 활용의 투명성

기사 작성 과정에서 핵심적 요소 중 하나는 취재원sources이다. 기자가 사회에서 발생하는 모든 이슈에 대해 알 수 없는 만큼, 기자들은 기삿거리를 찾고 이러한 기삿거리를 검증하는 과정에서 취재원에게 크게 의존한다. 이 때문에 취재원을 기사 작성의 '시작'(기삿거리 제공)일뿐 아니라 '끝'(기사 내용의 검증)이라고 해도 지나친 과장은 아닐 것이다.

저널리즘 연구에서도 기자가 어떤 취재원을 사용하는가는 가장 중요한 연구 주제 중 하나로 다뤄졌다. 취재원은 기자가 어떤 기삿거리가 있는지를 인지하는 단계부터, 어떠한 내용을 담을 것인지를 결정하고, 특정 취재 내용이 정확한지를 검증하는 등의 모든 과정에 영향을 미친다고 여겨진 때문이었다(Shoemaker & Reese, 1996). 이 때문에 슈메이커와 리스는 "기자가 자신이 알지 못하는 내용을 기사에 담을 수 없다는 점에서 취재원은 기사의 콘텐츠에 엄청난 영향을 미친다"고 말했다(Shoemaker & Reese, 1996, p. 178).

취재원 관련 연구 중 실명 취재원이 얼마나 사용됐는지에 대해서는 중요하게 다뤄졌다. 취재원이 익명일 경우, 수용자들은 기자가 어떤 취재원의 발언을 인용했는지, 혹은 더 나아가 실제로 취재원이 그러한 발언을 했는지도 판단하기 어렵다. 실제로 실명의 취재원을 사용해야 독자들은 기자들이 어떠한 과정을 통해 취재를 했는지 알 수 있다. 이 때문에, 취재원의 실명 여부는 기사의 투명성과도 관련이 깊다. 같은 맥락에서 코바치와 로젠스틸은 저널리즘에서의 객관주의 관행이란 사회과학 연구에서처럼 기자들이 자신의 취재 과정을 투명하게 진행해야 하는 것이며, 이를 반영할 수 있는 하나의 방법이 투명한 취재원의 사용이라고 강조했다(Kovach & Rosenstiel, 2014).

1) 기사에 활용한 전체 취재원의 수

하나의 기사에 많은 취재원이 포함될수록 더 좋은 기사로 평가된다. 그 이유는 취재원이 다양할수록 더 다양한 관점에서 하나의 사건이나 이슈를 다룰 수 있기 때문이다. 조사 결과, 국내 주요 일간지 1면 기사에 포함된 취재원 수는 평균 3.33개로 미국 뉴욕타임스의 4분의 1에 불과했다. 구체적으로 뉴욕타임스의 경우, 기사당 전체 취재원 수가 12.14개로 압도적으로 많았으며 다음은 더 타임스(6.11개)였다. 아사히신문은 4.10개로 국내 신문과 유사한 수준이었다. 이러한 차이는 국가별로 유의했다(〈표 4-1〉 참조).

〈표 4-1〉 국가별 전체 취재원 수

	기사당	최소	최다
국내 일간지	3.33	0	14
뉴욕타임스	12.14	0	39
더 타임스	6.11	1	17
아사히신문	4.10	1	25

다음과 같은 문화일보의 기사는 박근혜 전 대통령의 발언에만 의지해 작성한 기사다. 대통령이 지니는 뉴스 가치를 생각해보면, 대통령의 발언을 토대로 쓴 기사가 문제가 되지는 않는다. 다만, 이러한 경우에도 북한의 도발과 관련해 다양한 지위나 입장을 지닌 취재원의 발언을 포함했다면 훨씬 기사 가치가 높아졌을 것이다.

박근혜 대통령은 9일 북한이 제5차 핵실험을 감행한 것에 대해 "유엔 안전보장이사회 결의에 대한 명백한 위반이자 국제 사회에 대한 중대한 도전 행위로, 이를 강력히 규탄한다"고 밝혔다.

동아시아정상회의(EAS) 참석차 라오스 수도 비엔티안을 방문 중인 박 대통령은 이날 오전 9시 30분(한국시간 11시 30분) 현지에서 긴급 대책회의를 소집, 관련 보고를 받고 이같이 말했다고 청와대가 전했다. 박 대통령은 현지 시간으로 이날 오후 6시쯤 귀국길에 오를 예정이었으나 일정을 단축, 서둘러 귀국할 방침이다.

박 대통령은 "EAS에서 국제 사회의 이름으로 북한의 핵 포기를 촉구하는 비확산성명을 채택한 지 채 하루도 되지 않아 북한이 핵실험을 실시한 것은 국제 사회의 단합된 북핵 불용 의지를 철저히 무시한 것"이라며 "(이는) 핵 개발에 매달리는 김정은정권의 광적인 무모함을 증명하는 것"이라고 비판했다. 박 대통령은 또 "김정은정권이 핵실험을 통해 얻을 것은 국제 사회의 더욱 강도 높은 제재와 고립뿐"이라며 "이러한 도발은 결국 자멸의 길을 더욱 재촉할 것"이라고 경고했다.

박 대통령은 이어 "정부는 국제 사회와의 공조하에 유엔 안보리 및 양자 차원에서 추가적으로 더욱 강력한 제재 조치를 강구하는 한편, 북한의 핵 포기를 위해 모든 수단을 다해 북한에 대한 압박을 강화해나갈 것"이라고 말했다.(문화일보, 2016년 9월 9일자)

비록 문화일보와는 다른 주제의 기사이지만 다음의 기사는 브렉시트를 앞두고 갈라진 영국의 모습을 정치인, 일반 시민, 여론조사기관의 발표, 유명 축구선수 등의 발언을 이용해 분석한 기사다. 위의 기사에 비해 훨씬 입체적이다.

21일 오전(현지 시간) 의회 민주주의 발상지로 자부하는 영국 런던의 웨스트민스터(국회의사당) 인근 의회광장. 16일 극우주의자의 손에 피살된 조 콕스 하원의원(42, 노동당)의 미소 띤 사진 한 장이 꽃다발에 둘러싸인 채 덩그러니 놓여 있었다.

코앞으로 다가온 '브렉시트'(Brexit, 영국의 EU 탈퇴) 국민투표를 놓고 영국이 찬성과 반대로 양분됐지만 이곳을 찾은 시민들은 정치적 주장을 잠시 접은 채 기도하고 촛불을 켰다. 초등학생들을 인솔해 온 교사 루크 씨는 "학생들에게 다른 사람의 의견을 존중하는 민주주의의 중요성을 깨우쳐 주기 위해 이곳을 방문했다"고 말했다.

하루 전 이곳 의사당에선 여야 의원들이 한자리에 모여 콕스 의원을 추모하는 특별회기를 열었다. 하원 의원석은 가득 찼으나 주인을 잃은 한 자리만 비었다. 보수당 소속 데이비드 캐머런 총리는 "그녀를 살해한 증오에 맞서 오늘 그리고 영원히 단합하자"고 강조했다. 제러미 코빈 노동당 대표도 "증오와 분열을 자극하지 않도록 할 책임이 있다"고 화답했다.

하지만 현장에서 만난 영국 시민들은 정확히 반으로 갈라져 있었다. 23일 실시되는 브렉시트 국민투표가 영국 사회에 '증오의 먹구름'을 몰고 온 것이다. 이날 런던 시내를 둘러보니 아파트 발코니의 유리창에 '탈퇴(Leave)' 또는 '잔류(Remain)' 구호가 걸려 있는 모습을 종종 볼 수 있었다. 외신들은 이를 '발코니 전쟁'으로 표현했다. 한 주민은 '떠나는 데 한 표를(Vote Leave)'이라고 적힌 현수막을 내걸었고, 바로 옆집 주인은 '만일 당신이 노동자의 권리를 깎아내리고 싶다면(…if you want to cut workers' rights)'이라는 현수막으로 잔류 지지 의사를 밝혔다.

브렉시트 찬성과 반대 진영은 이날 부동층을 잡기 위해 시내 곳곳에서 홍보물을 나눠 주며 총력전을 펼쳤다. 공무원인 앤드루 길츠 씨(50)는 기자를 붙잡고 "EU는 규제가 너무 많다"며 "영국 경제를 좀먹는 이민 문제도 EU 탈퇴를 원하는 이유"라고 당당하게 밝혔다.

그러나 정보기술(IT) 업종에 종사하는 숀 씨(22)는 “경제적인 부분 때문에” EU 잔류를 지지한다고 밝혔다. 그는 “영국이 EU에서 탈퇴한다면 자유롭게 다른 나라를 오가는 데 문제가 생길 것”이라고 목소리를 높였다.

브렉시트 국민투표는 세대도 갈라놓았다. 소득, 학력 수준, 지지 정당보다 브렉시트 의견이 명확하게 갈라지는 건 바로 청장년층과 중년층이다.

여론조사기관 유고브가 지난달 18일 조사한 결과 18~24세, 25~34세 청년층은 각각 86%, 78%가 ‘EU 잔류’를 지지한 반면 55~64세, 65세 이상은 각각 51%, 72%가 ‘탈퇴’에 찬성했다.

노령층이 탈퇴를 지지하는 이유는 이민자 증가 때문에 은퇴 후 연금 수령에 불이익을 받게 될 것이라고 생각하기 때문이다. 반면 청장년층은 영국의 실업률(5%대)과 성장률(2%대)이 뛰어나지는 않지만 그런대로 선방하고 있다고 인식한다. 만약 EU 탈퇴로 경제 혼란이 가중되면 그나마 확보해 놓은 경제 기반이 흔들릴 수 있다는 걱정이 적지 않다.

양분된 여론에 신이 난 건 베팅업체다. 가디언은 20일 브렉시트 국민투표가 영국 정치 이벤트 사상 최다 판돈을 끌어모은 종목으로 기록될 것이라고 보도했다. 영국 최대의 베팅업체 베트페어에 따르면 지금까지 베팅 금액만 무려 4,050만 파운드(약 690억 원)에 이른다.

막판 표심은 잔류 쪽에 무게추가 좀 더 실리는 분위기다. EU 탈퇴 이후 경제 상황을 걱정하는 목소리가 높아지고 있는 데다 잔류를 외치다 숨진 콕스 의원에 대한 동정 여론도 어느 정도 영향을 미쳤다는 분석이다. 여론조사기관 ORB가 20일 발표한 전화 여론조사에서 적극 투표층의 경우 잔류가 53%로, 탈퇴(46%)에 7%포인트 앞섰다. 13일 같은 조사에서는 탈퇴가 49%로 잔류보다 1%포인트 앞섰었다. 사회연구조사기관 냇센이 20일 발표한 온라인과 전화 여론조사 결과도 잔류가 53%로, 47%에 그친 탈퇴보다 6%포인트 높았다. 베트페어는 국민투표 결과가 EU 잔류로 나올 가능성을

75%까지 끌어올렸다.

이 같은 잔류 여론 상승에 힘입어 영국 파운드화는 런던 외환시장에서 사흘째 오름세다. 특히 20일 하루 사이 파운드화 가치가 2.4%나 급등했다. 이는 2008년 12월 이후 하루 상승폭으로는 최고 수준이다.

대중적 인기가 높은 '축구 영웅' 데이비드 베컴과 '해리 포터' 시리즈 작가 조앤 K 롤링이 브렉시트 반대 입장을 밝혀 잔류파에 힘을 실어 줬다. 베컴은 21일 페이스북에 올린 글에서 "우리는 활기차고 접속된 세상에 살고 있다. 여기선 함께하면 강해진다"며 잔류 투표를 촉구했다.

하지만 21일 발표한 FT 여론조사에서는 EU 잔류와 탈퇴 응답이 44% 동률로 나왔고 또 다른 여론조사기관 유고브가 타임스 의뢰로 조사한 인터넷 여론조사에서는 여전히 EU 탈퇴(44%)가 잔류(42%)를 앞서 섣부른 예측은 어려운 상황이다. 국립사회연구소의 수석연구원 존 커티스 씨는 FT에 "여론조사 결과들이 초박빙이라 한쪽이 우세를 보여도 신중하게 접근해야 한다"고 말했다.

이런 가운데 콕스 의원을 추모하는 기금이 100만 파운드(약 17억 원, 20일 오후 8시 반경)를 넘어섰다. 3만 5,000명이 모금에 참여했다. 브렉시트 이후 다시 하나 된 영국을 만들 수 있다는 작은 희망이 그 속에 숨어 있는 듯했다.(동아일보, 2016년 6월 22일자)

한편, 국내 신문사별로도 기사당 전체 취재원 숫자에는 유의미한 차이를 보였다. 한겨레의 기사가 4.24개로 가장 많은 취재원을 포함했으며, 서울신문(2.87개) 경향신문(2.93개) 세계일보(2.94개) 한국일보(2.94개) 등의 기사가 다른 신문사의 기사에 비해 적은 수의 취재원을 포함하고 있었다. 특히 일부 언론사의 경우, 아예 취재원을 찾아보기 어려운 기사도 있었다(〈표 4-2〉 참조). 다음의 기사를 보자.

〈표 4-2〉 국내 일간지의 전체 취재원 수

	기사당	최소	최다
경향신문	2.93	0	12
국민일보	3.85	1	14
동아일보	3.31	0	14
문화일보	3.20	0	14
서울신문	2.87	1	10
세계일보	2.94	0	7
조선일보	3.60	1	11
중앙일보	3.40	0	9
한겨레	4.24	0	10
한국일보	2.94	0	11
전체	3.33	0	14

여야 3당이 20대 국회 원 구성 법정시한을 하루 앞둔 6일 협상 중단 엿새 만에 협상을 공식 재개했지만 끝내 합의점을 찾지 못했다. 1994년 국회법 개정을 통해 임기 개시 이후 7일 이내에 국회의 장단을 선출토록 못 박아 놓고도 국회 스스로 22년 동안 단 한 차례도 법을 지키지 않는 무책임한 모습이 반복될 가능성이 커졌다.

새누리당 김도읍, 더불어민주당 박완주, 국민의당 김관영 원내수석부대표는 이날 세 차례 만나 국회의장과 상임위 배분 등 원 구성 협상을 시도했으나 접점을 찾지 못한 채 헤어졌다. 원내 수석들은 비공개 오찬 회동에 이어 3시간 30분간 1차 협상 끝에 정회한 뒤, 잠점 조율안을 들고 각각 원내대표와 논의를 거쳐 2차 협상을 이어갔지만 42분 만에 돌아섰다. 3당은 7일 오전에도 협상을 계속한다는 방침이지만, 타결 여부는 미지수라 법정 시한을 넘길 것으로 보인다는 게 중론이다.

여야는 4·13총선이 끝난 지 두 달, 새 원내지도부를 선출한 지 한 달 가까이 지난 이날까지도 협상의 첫 번째 쟁점인 20대 국회 전반기 국회의장을 어느 당에서 맡을지조차 조율하지 못한 채 대립해 정치 불신을 자초했다는 비난을 면키 어려워졌다. 여야 3당이 정치력 부재를 드러내면서 이번 20대 국회의 원 구성 협상은 역대 가장 늦게 타결될 수 있다는 비관적 전망도 고개를 들고 있다.(한국일보, 2016년 6월 6일자)

2) 투명 취재원의 수

기자가 (뉴스가 될 만한) 어떤 말을 들었거나 자료를 입수했다면, 당연히 그 말이나 자료의 내용이 중요하다. 대개 이렇게 생각하겠지만, 저널리즘에서는 말이나 자료의 내용보다 누가 그 말을 했으며 그 자료를 작성했는지가 더 중요하다. 같은 말이라도 누가 하느냐에 따라 뉴스로서 가치가 달라지며, 자료를 만든 주체에 따라 자료 내용의 신뢰도가 달라지기 때문이다. 그래서 말이나 자료의 내용을 정확하게 옮기는 것에 앞서 말이나 자료의 출처를 명확하게 밝혀야 한다. 저널리즘에서 전자를 인용quotation이라 하며 후자를 적시attribution라고 한다. 투명 취재원은 적시와 관련된다.

2장에서 투명 취재원은 실명 취재원뿐 아니라 준실명 취재원도 포함한다고 정의했다. 실명 취재원은 성명이 모두 표기된 취재원이며 준실명 취재원은 성명은 표기되지 않았더라도 직위 등이 정확하게 표기되어 그가 누구인지 충분히 유추할 수 있는 취재원을 뜻한다. 이 두 경우에 해당하지 않는 취재원은 모두 익명 취재원이다.

기사에서 투명 취재원이 중요한 이유는 취재원을 익명으로 사용함으로써 발생하는 폐해가 심각하기 때문이다. 대학생들에게 신문 기사를 읽다가 익명 취재원을 마주치면 어떤 느낌이 드는지 물어보면 놀랍게도 대답이 한결같다. 익명 취재원이 한 말을 기자가 지어낸 것 같은 느낌이 든다는 것이다. 이런 반응은 이미 연구 결과를 통해 밝혀져 있다. 익명 취재원을 사용하면 수용자는 정보의 정확성을 판단할 근거조차 갖지 못하게 되므로 기사의 신뢰도는 떨어지게 마련이다(Blankenburg, 1992; Martin-Kratzer & Thorson, 2007). 당연하게도, 수용자는 출처가 불명확한 내용을 접하면 기자가 주관적으로 작성했을 것으로 의심한다(Fedler et al., 2005).

취재원의 신원이 밝혀져서는 안 되는 상황은 분명히 있지만 그런 경우는 매우 제한적으로 허용되어야 한다. 그러나 많은 경우에 기자는 취재원이 익명을 요청하면 별다른 설득 없이 들어주는 편이다. 이처럼 기자가 더 노력해 실명 취재원을 구하려고 하는 대신에 편의적으로 익명 취재원을 사용하면 예외이어야 할 익명 보도는 불가피한 관행으로 변질된다. 기자는 익명 취재원을 남용함으로써 정보가 부정확하더라도 어떠한 책임도 지지 않으면서 보도할 수 있다는 유혹에 빠지게 되며 가공의 취재원을 익명 취재원으로 포장할 가능성도 커진다. 심지어 취재원이 나쁜 의도에서 익명을 요청하고 기자가 동의하면, 기자는 결국 취재원의 여론 띄우기에 동원되고 마는 것이다(Brooks et al., 2002).

그래서 저널리즘 교과서는 익명 취재원 사용에 대해 매우 엄격한 조건을 달고 있다. 예를 들어, 페들러 등은 취재원이 익명을 요구하면 일

단 실명 취재원을 찾아야 한다는 충고와 함께 다음의 7개 준칙을 제시했다(Fedler et al., 2005, p. 252).

- 에디터나 편집국장의 허가 없이 익명 취재원을 사용해서는 안 된다.
- 기자는 에디터나 편집국장, 회사 변호사에게 익명 취재원의 신원을 밝혀야 할 경우에 대비해야 한다.
- 기사에 꼭 필요한 정보인 경우에만 익명 취재원을 허용하며, 그가 권위 있는 정보를 제공할 만한 위치에 있는지 확인해야 한다.
- 익명 취재원이 뭔가를 과장하거나 특정 대상을 비판할 의도가 있는지 확인해야 한다.
- 신분이 드러나지 않는 범위에서 취재원을 최대한 자세히 기사에 설명해야 한다.
- 취재원이 왜 실명 공개를 원하지 않았는지 기사에 설명해야 한다.
- 취재원이 개인이나 단체를 익명으로 공격하도록 허락해서는 안 된다.

뉴욕타임스는 이런 교과서 준칙을 충실하게 따르고 있다. 구체적으로, 익명 취재원과 관련해 기자와 에디터에게 세 가지 실행 목표를 부여했다.

- 기자는 취재원이 자기 의견을 기사에 반영하고자 할수록 그에게 실명을 더 적극적으로 요구해야 한다.
- 에디터는 실명으로 된 정보를 얻도록 기자를 더 다그쳐야 한다.

- 취재원을 익명으로 표현하는 경우에 기자는 익명 취재원이 알고 있다고 말하는 바를 그가 어떻게 알게 됐는지, 왜 그런 정보를 기자에게 제공하려고 하는지, 왜 그가 익명으로 표현될 만한 자격이 있는지를 기사에 설명해야 한다.

뉴욕타임스는 기자가 익명 취재원을 사용하더라도 그 신원을 상급자에게 보고하도록 하고 있으며, 보고의 수준을 다음과 같이 세 가지 경우로 나누었다. 아래의 '다소 민감한 기사'와 '극히 민감한 기사'의 경우는 국내 언론 문화로는 이해하기 어려울 수 있는데, 미국 언론이 현장 취재 기자를 얼마나 신뢰하며 그의 권한을 얼마나 잘 보장해주는지 알 수 있는 예다.

- 일반적인 기사routine story의 경우: 기자는 익명 취재원의 이름과 (그가 속한 기관에서의) 역할을 자기의 부서장에게 은밀히 전달한다.
- 다소 민감한 기사moderate sensitive story의 경우: 기자는 취재원의 신원 정보를 편집국장 또는 편집인하고만 공유한다.
- 극히 민감한 기사exceptionally sensitive story의 경우: 법과 관련된 사안이나 국가 안전 보장과 관련된 이슈 등 신원이 노출되면 취재원이 극단적인 결과에 직면할 경우에 기자는 편집인에게 취재원의 전적인 비밀 보장을 요구할 수 있다. 그런 상황이 발생하면, 편집인은 그 취재원에 대해 매우 제한적인 정보만 기자에게 요구할 수 있으며 취재원의 신원을 완전히 파악할 수 있는 자기의 권리를 양보할 수 있다. 기자의 전적인 취재원 비밀 보장 요청을 승인할 수 있는 사람은 편집인뿐이다.

뉴욕타임스는 이처럼 엄격한 자기 준칙 때문에 경쟁에서 불리해질 것까지 감안해, 에디터들은 보도를 늦출 수 없을 정도로 중요하고 시급한 기사더라도 인용 준칙을 충족하지 못하면 기사를 보류할 준비를 해야 한다고 명시하고 있다.

국내 신문사도 최근에 익명 보도에 대한 매우 엄격한 규정을 제정했다. 예를 들어, 조선일보가 2017년 말에 발표한 '윤리규범 가이드라인'을 보면, 모든 기사는 출처와 취재원을 명시하는 것을 원칙으로 하되 익명으로 표기할 수 있는 경우를 다음과 같이 다섯 가지 경우로 한정했다.

- 의견이나 추측이 아닌 정보로서 뉴스 보도에 필수적인 경우
- 익명을 요구한 출처를 제외하고는 해당 정보를 입수할 수 없을 경우
- 출처를 신뢰할 수 있고 취재원이 정확한 정보를 얻을 수 있는 위치에 있을 경우
- 실명이 드러나면 각종 위해나 신분상 불이익에 노출될 위험이 있을 경우
- 국가 안보 등 공익을 위해 부득이한 경우

또한 익명으로 보도하더라도 "익명의 제보자가 어떻게 제보 사실을 알게 됐는지, 정보를 제공하게 된 동기와 익명을 요청하는 사유, 취재원을 신뢰할 수 있는 사유에 대해 기사 안에 상술해야 한다"라고 했으며 "취재원이 익명의 출처에 의존하거나 자기의 일방적 주장에 근거해 제삼자를 비판, 비방, 공격하는 경우 그의 익명 요청은 원칙적으로 받

아들여서는 안 된다"고 규정했다. 조선일보는 기본적으로 익명을 배격하면서도 취재원 보호 차원에서 "취재원 명시 원칙에도 불구하고 만약 제보자가 익명을 원하고 의견이나 추측이 아닌 사실 정보를 제공한다면, 그리고 그 정보를 얻을 다른 방법이 없으며 그가 신뢰할 수 있는 취재원임을 확신한다면 취재원을 익명으로 보호할 수 있다"라는 규정을 추가해놓았다. 또한 뉴욕타임스와 비슷하게 익명 취재원의 신원을 보고토록 해, "기사에서 취재원을 익명으로 표기하더라도 그 실명과 신원, 익명으로 표기한 이유 등을 담당 부서장에게 보고해야 한다. 보고받은 담당 부서장은 취재원의 신원을 비밀에 부칠 의무를 진다"라는 규정도 두었다.

이런 규정들은 해외의 여느 규정 못지않게 엄격하고 선진적이다. 하지만 이 연구의 분석에 사용된 기사들은 이런 규정이 탄생하기 전에 보도됐던 것이므로 미국보다 느슨한 기준으로 익명 취재원을 사용했을 가능성이 크며, 실제 분석에서도 그러한 결과가 나왔다.

〈표 4-3〉과 [그림 4-1]에서 보듯이, 기사당 투명 취재원 수는 국가별로 매우 달랐다. 뉴욕타임스의 투명 취재원은 8.4개로 가장 많았으며, 그 다음은 더 타임스(4.3개)와 아사히신문(3.8개)이었다. 국내 일간지는 가장 적었는데, 10개 전국 일간지는 평균적으로 기사에 2.6개의 투명 취재원을 포함했다. 뉴욕타임스의 투명 취재원 수는 국내 일간지의 3.2배다. 아사히신문의 수치가 국내 일간지보다 높다는 점도 눈에 띈다.

최다 투명 취재원은 뉴욕타임스에서 발견되어, 한 기사에 무려 23개의 투명 취재원이 포함되어 있었다. 그다음은 아사히신문(18개), 국내 일간지(14개), 더 타임스(10개)였다. 여기에서도 아사히신문의 수치가

〈표 4-3〉 국가별 투명 취재원 수

	기사당	최소	최다
국내 일간지	2.6	0	14
뉴욕타임스	8.4	0	23
더 타임스	4.3	1	10
아사히신문	3.8	1	18

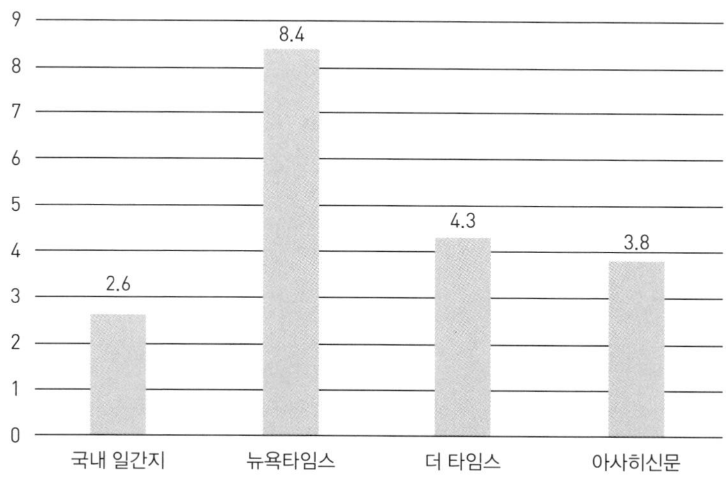

[그림 4-1] 국가별 투명 취재원 수

국내 일간지보다 높았다.

뉴욕타임스는 매우 엄격한 기준을 갖고 있으므로 투명 취재원의 수가 우리보다 월등히 많게 나온 것은 당연한 결과다. 혹자는 이런 차이에 대해 미국 사람들이 우리보다 더 개방적이고 관대해서 취재에 잘 응해주고 신원도 잘 공개하기 때문이라고 말할지 모른다. 하지만 취재원으로서 미국인이 한국인과 현저히 다르다고 보기는 어렵다. 그보다는 미국 기자와 한국 기자 사이에는 큰 차이가 있는 것 같다. 미국 기자들은 실명 보도를 허락받기 위해 취재원을 끈질기게 설득한다. 실제로, 취재는 물론이고 기사 작성까지 완전히 끝내놓고 핵심 취재원의 실명을 기사에 쓰기 위해 서너 달 이상 취재원을 설득했다는 사례가 더러 있다. 이에 비하면 한국 기자들은 너무 쉽게 실명을 포기하고 취재원의 익명 요청을 받아들인다고 말할 수 있다.

국내 일간지별로도 투명 취재원의 수를 살펴보았는데, 한겨레(3.3개)와 국민일보(2.9개)가 많았으며 서울신문(2.2개)은 적었다(〈표 4-4〉, [그림 4-2] 참조). 한겨레와 서울신문의 차이(1.1개)는 두드러진 편이지만 나머지 신문들 간의 차이는 미세해서 한 신문이 다른 신문보다 얼마만큼 더 잘했다거나 못했다고 단정하기 어려웠다. 투명 취재원 최다 빈도는 동아일보 기사에서 14개, 국민일보 기사에서 12개가 발견된 경우였다.

〈표 4-4〉 국내 일간지의 투명 취재원 수

	기사당	최소	최다
경향신문	2.4	0	8
국민일보	2.9	0	12
동아일보	2.6	0	14
문화일보	2.4	0	10
서울신문	2.2	0	10
세계일보	2.3	0	6
조선일보	2.5	0	7
중앙일보	2.6	0	8
한겨레	3.3	0	10
한국일보	2.3	0	11
전체	2.6	0	14

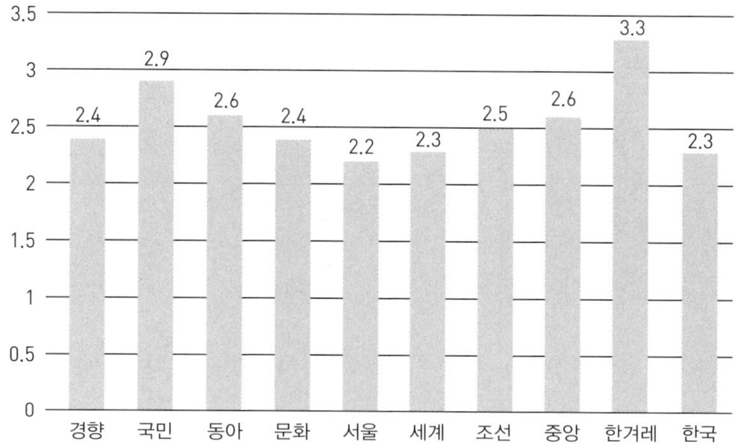

[그림 4-2] 국내 일간지의 투명 취재원 수

투명 취재원이 1개 이하인 기사와 10개 이상인 기사만 따로 뽑아서 그 비율을 분석해보았다(〈표 4-5〉 참조). 투명 취재원이 1개 이하인 기사의 비율은 국내 일간지가 34.3%로 가장 높았으며, 그다음은 아사히신문(13.9%), 더 타임스(7.4%), 뉴욕타임스(1.4%)였다. 투명 취재원이 하나도 없거나 1개뿐인 기사는 국내 일간지 기사의 경우 10개 중 3개나 발견될 정도로 많은 반면에, 뉴욕타임스의 그런 기사는 100개 중 1개 정도로 적었다. 아사히신문의 이 비율이 국내 일간지보다 현저히 낮다는 점은 주목할 만하다. 이와 대조적으로, 투명 취재원이 10개 이상인 기사의 비율은 뉴욕타임스가 37.5%로 가장 높았으며, 그다음은 아사히신문(2.8%), 더 타임스(1.9%), 국내 일간지(0.9%)였다. 투명 취재원이 10개 이상인 기사에서 뉴욕타임스는 기사 10개 중 3~4개가 그런 기사로, 독보적인 비율을 보였다. 반면에 국내 일간지는 투명 취재원이 10개 이상인 경우가 기사 100개 중 1개꼴이었다.

〈표 4-5〉 국가별 투명 취재원 1개 이하, 10개 이상인 기사 비율

(단위: %)

	1개 이하인 기사	10개 이상인 기사
국내 일간지	34.3	0.9
뉴욕타임스	1.4	37.5
더 타임스	7.4	1.9
아사히신문	13.9	2.8

앞서 언급한 선행연구 3건도 투명 취재원을 조사했다. 조사 시기가 다르고 분석 매체도 조금 달랐지만 투명 취재원 수는 3개를 넘지 않는 가운데 크게 차이 나지 않았다(〈표 4-6〉 참조). 2006년 연구(2.95개)와 본 연구(2017년 2.6개)의 수치가 조금 높은 반면에 2003~2010년 연구의 방송사(2.0개), 중앙지(1.8개), 지방지(1.2개)의 수치는 낮은 편이다.

〈표 4-6〉 국내 매체별 투명 취재원 수

2006	1990~2007	2003~2010 중앙지	2017년	2003~2010년 방송사	2003~2010년 지방지
2.95	2.0	1.8	2.6	2.0	1.2

- 2006: 2006년 1월~10월, 5개 일간지(경향신문, 동아일보, 조선일보, 중앙일보, 한겨레), 1면 머리기사 분석(박재영, 2006).
- 1990~2007: 1990년~2007년, 10개 일간지(경향신문, 국민일보, 동아일보, 문화일보, 서울신문, 세계일보, 조선일보, 중앙일보, 한겨레, 한국일보), 1면 전체 기사 분석(박재영 · 이완수, 2007).
- 2003~2010: 2003년 2월~2005년 6월, 2008년 2월~2010년 6월, 6개 중앙지(경향신문, 동아일보, 조선일보, 중앙일보, 한겨레, 한국일보) 1면 전체 기사, 7개 지방지(경인일보, 강원일보, 대전일보, 부산일보, 매일신문, 전남일보, 전북일보) 1면 전체 기사, 3개 방송사(KBS, MBC, SBS) 저녁 종합뉴스 첫 4개 뉴스 리포트(박재영 · 이완수, 2010).
- 2017: 2016년 1월~12월, 10개 일간지(경향신문, 국민일보, 동아일보, 문화일보, 서울신문, 세계일보, 조선일보, 중앙일보, 한겨레, 한국일보), 1면 기사 3개(본 연구).

3) 토대 정보 제공 취재원의 실명 여부

토대 정보를 제공한 취재원의 실명 여부란 '기사에서 중요한 토대 정보를 제공한 핵심적인 취재원의 실명 게재 여부'를 의미한다. 본 연구에서는 실명, 익명, 취재원 없음 등과 같이 세 가지로 분류했다. 토대 정보를 제공한 취재원이 중요한 이유는 기사에 활용된 다양한 취재원 중 적어도 기사에 핵심적인 정보를 제공한 취재원의 경우 실명이어야 한다는 원칙 때문이다. 토대 정보를 제공한 취재원이 익명이라면 수용자는 해당 기사를 신뢰할 수 없다.

국내 기사에서도 대체로 토대 정보를 제공한 취재원은 실명이었다. 그럼에도 불구하고, 국가별로 토대 정보를 제공한 취재원의 실명 비율은 국내 일간지가 90.5%로 해외의 주요 신문(뉴욕타임스 100.0%, 더 타임스 96.3%, 아사히신문 98.6%)에 비해서는 유의하게 낮았다.

구체적으로 국내 기사 694건 중 토대 정보를 제공한 취재원이 익명인 경우는 58건(8.4%)에 이르렀으며 취재원이 없는 경우는 8건(1.2%)이었다. 따라서 1면에 실린 주요한 기사 중에서도 10건당 한 건의 경우에는 토대 정보를 제공한 취재원이 익명이거나 아예 없었다는 의미다.

이에 비해 더 타임스는 익명인 경우가 2건, 아사히신문은 1건에 불과했으며, 취재원이 없는 기사는 단 한 건도 없었다. 이러한 결과로 볼 때, 국내 신문들의 경우에는 아직도 1면에 실리는 기사조차도 토대 정보를 제공한 취재원을 제대로 밝히지 않는 사례가 국제 표준과 비교해 높은 편임을 알 수 있다(〈표 4-7〉 참조).

예를 들어, 다음에 소개하는 기사는 7급 공무원을 선발하는 '지역인

〈표 4-7〉 국가별 토대 정보 제공 취재원의 실명 여부 비율

(단위: %)

	실명	익명	취재원 없음
국내 일간지	90.5	8.4	1.2
뉴욕타임스	100.0	0.0	0.0
더 타임스	96.3	3.7	0.0
아사히신문	98.6	1.4	0.0

재 선발 전형'의 1차 관문인 '지역인재 학교장 추천'과 관련한 서울신문의 단독 기사다. 다른 언론에서 다루지 않은 독창적 기사를 발굴해 보도했다는 점에서는 매우 긍정적이나, 모든 취재원이 익명으로 처리되어 있어 독자들이 신뢰도에 의구심을 가질 수 있다. 이 기사에 사용된 '인사처 관계자', '한 전문가' 등은 국내 언론에서 익명의 취재원을 사용할 때 흔히 쓰는 표현이다. 특히 익명의 취재원을 사용할 때에는 익명을 쓸 수밖에 없는 이유에 대해 독자들이 쉽게 수긍할 수 있어야 하지만, 기사의 마지막 단락에서 '한 전문가'는 왜 익명을 사용했는지를 알기 어렵다.

> 해마다 100명 이상의 7급 국가공무원을 선발하는 지역인재 선발 전형의 1차 관문인 '학교장 추천' 과정에 대한 실태 파악이 전무한 것으로 드러났다. 인사혁신처 사무실에 침입해 성적을 조작한 공무원시험 준비생 송모(26)씨가 학교장 추천 과정에서도 부정을 저지른 것으로 밝혀진 상황이라 심각성을 더한다.
>
> **인사처 관계자**는 10일 "각 대학 총장에게 자율성을 100% 부여하고 있기 때문에 지역인재 전형에 학생을 추천한 전국 128개 대학

이 어떤 기준으로 학생들을 추천했는지에 대해선 알지 못한다"고 밝혔다. 지역인재 선발 전형은 일반적인 국가직 7급 선발 필기시험(7과목)을 치르지 않는 대신 학교장 추천을 받은 경우에만 공직적격성평가(PSAT)에 응시하도록 해 선발한다. 단, 학교장 추천은 학부 성적 10% 이내, 토익 750점 이상, 한국사검정시험 2급 이상 등의 요건을 갖추기만 하면 학교당 8명까지 추천할 수 있다.

학교장 추천이 이 전형의 당락을 좌우하는 중요한 관문인데도 지금까지 '자율성'이라는 명목하에 사실상 관리 감독이 이뤄지지 않았다. 대부분의 대학은 서울 노량진 등의 민간 학원들이 출제하는 모의 PSAT를 통해 학생들을 추천하고 있다. 5급 공채 준비생들도 대부분 모의 PSAT를 치르지만 실제 공무원 선발 기준에 반영되지는 않는다. 하지만 지역인재 7급의 경우 모의 PSAT 점수가 실제로 학교장 추천 기준에 반영된다.

인사처 관계자는 "대학마다 100명 이상이 몰리기 때문에 변별력을 가지려면 모의 PSAT를 치를 수밖에 없다는 게 대학 측의 입장"이라고 전했다. 임용을 앞둔 지역인재 7급 전형 합격자 A씨는 "학교 입장에서는 추천한 학생들이 최종 합격하길 바라기 때문에 당락에 중요한 PSAT를 모의로 보게 한다"고 말했다. 지역인재 전형 선발 인원은 올해 110명으로 도입 첫해(50명)에 비해 2배 이상 늘었다. 인사처 관계자는 "각 대학 학부 교육 정상화와 지역 우수 인재들의 공직 입문 기회를 늘리고자 도입됐는데 취지가 흐려졌다. 이번 사건을 계기로 실태 파악 후 개선안을 마련할 것"이라고 말했다.

한 전문가는 "모의 PSAT 2회 이상 성적 합산 후 면접을 진행하는 등 엄격하게 선발하는 곳도 있지만 아예 학부 성적순으로 상위 8명을 자르거나 면접으로 추천하는 등 천차만별이라 일정한 자격 기준을 제시하는 등 제도적 보완을 서둘러야 한다"고 말했다.
(서울신문, 2016년 4월 10일자)

본 조사에서는 분석 유목에 포함하지 않았으나, 앞서 서울신문의 기사와 같이 국내에서는 익명을 쓸 경우 왜 익명으로 쓰는지를 잘 밝히지 않는다. 그러나 이에 비해 뉴욕타임스의 경우, 익명을 사용할 때 해당 취재원이 왜 익명으로 말할 수밖에 없는지 밝히는 것을 관행으로 하고 있다. 따라서 국내에서도 익명의 취재원을 사용할 때에는 이러한 관행을 도입할 필요가 있다.

한편 국내 일간지의 토대 정보 제공 취재원의 실명 여부를 살펴보면, 비록 국내 신문사별로는 유의한 차이가 없었으나 국민일보(95.8%)와 문화일보(93.3%)의 실명 취재원 비중이 높았으며, 경향신문(85.7%)과 세계일보(87.5%)의 실명 취재원 비중은 대체로 낮은 편이었다(〈표 4-8〉 참조).

〈표 4-8〉 국내 일간지의 토대 정보 제공 취재원의 실명 여부 비율

(단위: %)

	실명	익명	취재원 없음
경향신문	85.7	11.4	2.9
국민일보	95.8	4.2	0.0
동아일보	91.5	7.0	1.4
문화일보	93.3	5.0	1.7
서울신문	91.5	8.5	0.0
세계일보	87.5	11.1	1.4
조선일보	90.3	9.7	0.0
중앙일보	85.7	12.7	1.6
한겨레	91.5	7.0	1.4
한국일보	91.7	6.9	1.4
전체	90.5	8.4	1.2

4) 토대 정보의 신뢰성

토대 정보의 신뢰성이란 '기사를 구성하는 핵심 정보의 출처 확인 또는 근거 제시의 충분성'을 의미한다. 기사의 출처 혹은 근거는 해당 기사가 사실fact에 근거했고 이를 확인했음을 제시하기 때문에 매우 중요하다. 다시 말해, 기자의 임무가 사실 확인을 거쳐 기사를 작성하는 것이라 볼 때, 토대 정보의 신뢰성이란 이러한 기본적인 절차를 거쳤는지를 확인하는 항목으로 볼 수 있다. 본 연구에서는 선행연구에 따라 토대 정보의 신뢰성을 확인, 미확인, 확인 불가 등 세 가지로 분류했다.

본 연구 결과 국내 일간지 1면에 게재되는 기사의 대다수인 98.6%(전체 694건 중 684건)가 사실 확인을 거친 기사였다. 또한 확인 불가는 1.2%(8건), 미확인 정보를 활용해 기사를 작성한 경우는 0.3%(2건)였다(〈표 4-9〉 참조). 이러한 수치는 2006년 5대 일간지를 대상으로 토대 정보의 신뢰성을 조사했던 연구에서 나타난 결과인 97.7%와 유사한 수준이며(박재영, 2006), 2003~2010년 6개 일간지, 7개 지방지 등을 대상으로 조사한 결과 일간지 92%, 지방지 94.2%로 나타난 것에 비해

〈표 4-9〉 국가별 토대 정보의 신뢰성 여부 비율

(단위: %)

	확인 정보	미확인 정보	확인 불가
국내 일간지	98.6	0.3	1.2
뉴욕타임스	100.0	0.0	0.0
더 타임스	100.0	0.0	0.0
아사히신문	98.6	1.4	0.0

소폭이나마 개선된 것으로 보인다(박재영·이완수, 2010).

그러나 뉴욕타임스나 더 타임스의 경우 100% 확인된 토대 정보를 기초로 한 것으로 나타난 만큼 여전히 개선의 여지가 있는 것으로 판단된다. 한편, 본 조사에서 확인 불가로 분류된 기사는 박근혜 전 대통령에 대한 탄핵정국에서의 기고문이거나 사설인 경우였으며, 미확인 정보를 토대로 작성한 기사의 예는 다음과 같다.

> 9일(현지시간) 미국 대선 미국공화당 후보를 뽑는 뉴햄프셔 프라이머리에서 두 당의 '아웃사이더' 버니 샌더스 상원의원과 부동산 재벌 도널드 트럼프가 압승을 거뒀다. 일반 유권자들이 처음 참여한 경선에서 두 사람이 기성 정치권 후보들을 압도함으로써, 양당 경선 모두 장기전으로 갈 가능성이 높아졌다.
>
> 개표가 94% 진행된 10일 오전 9시 현재 샌더스는 유권자 60%의 지지로 38%를 얻은 힐러리 클린턴 전 국무장관을 크게 앞섰다. 샌더스는 젊은층뿐 아니라 40~50대 여성들에게서도 힐러리보다 높은 지지를 받았다. 샌더스가 주장한 전 국민 의료보험제도 도입, 대학 등록금 무상화 같은 공약이 갈수록 심해지는 불평등에 좌절한 유권자들의 마음을 얻었기 때문이다. 그러나 힐러리는 민주당 주류의 압도적인 지지를 받고 있는데다 다음 경선지인 네바다 사우스캐롤라이나를 비롯한 남부 주들에서 샌더스보다 앞서 있다.
>
> 트럼프는 득표율 35%로 공화당 1위를 차지했다. 아이오와 경선에서 2위를 기록하며 주춤했던 트럼프 돌풍이 다시 일어날 것으로 보인다. 2위는 공화당 주자들 중 가장 온건한 성향으로 분류되는 존 케이식 오하이오 주지사(16%)였다. 그동안 주목받지 못했던 케이식은 주요 주자로 부상했다.(경향신문, 2016년 2월 11일자)

국내 주요 일간지의 국제 기사 중 취재원 혹은 토대 정보를 밝히지 않는 사례가 종종 있다. 주로 해외 언론의 기사를 그대로 받아쓰거나 여러 언론사의 기사를 짜깁기해 작성한 경우다. 국내 언론에서 발견되는 이러한 잘못된 관행은 독자의 신뢰도와 직결되는 만큼 개선되어야 할 것이다.

2. 취재원의 독립성

취재원의 독립성이란 취재원이 기사의 주제와 직간접적으로 관련되지 않았는지를 의미한다. 예를 들어 의약분업 관련 기사라면, 의사나 약사는 독립 취재원으로 보기 어렵다. 또한 기업 기사를 다룰 때, 해당 기업의 종사자나 투자자도 이해 관계자라고 볼 수 있다.

독립 취재원은 기사가 특정인이나 특정 집단의 이해를 대변하지 않는다는 측면에서 중요하다. 기사는 사실상 취재원의 발언을 인용하는 것으로 구성되기 때문에, 기사의 방향이나 틀을 결정하는 데에 영향을 미칠 뿐 아니라 취재원의 시각이 독자에게 그대로 전달되게 할 수 있다.

따라서 취재원의 독립성은 기자가 누구를 위해 기사를 작성했는지를 판단하는 데에 중요한 잣대로 여겨졌다. 언론이 독립 취재원을 사용하는가는 기사가 특정 이익집단의 이익을 대변하는 것이 아니라 공익에 기여한다는 신뢰와 관련되기 때문이다(Kovach & Rosenstiel, 2014; Skovgaard, 2014). 즉, 이해관계를 초월한 취재원의 사용, 중립적인 취재원의 사용이 저널리즘의 품질을 판단하는 주요 기준으로 여겨졌다.

1) 독립 취재원의 수

다음의 기사는 산업은행의 자본 확충에 한국은행이 참여하는 방안에 대한 논란을 다룬 기사로 이러한 정부 정책에 대한 평가를 전문가(대학 교수)에게 의뢰한 경우다. 국내 기사에서 이해관계가 없는 전문가 집단 중 대표적 취재원이 대학 교수다.

> 한국은행이 발권력을 동원한 구조조정 지원, 즉 '한국형 양적완화'에 부정적 입장을 밝혔지만 정부의 압박이 계속되고 있다. 정부가 나서는 재정지출, 한은이 펼치는 통화정책 중 어느 쪽을 택하더라도 궁극적으로 그 부담은 국민의 몫이다. 그럼에도 불구하고 서로 손사래 치는 이유는 뭘까.
>
> 유일호 경제부총리 겸 기획재정부 장관은 1일 KBS '일요진단'에 출연해 구조조정 재원 마련 방법에 대해 "하나의 방법을 쓰기보다는 재정과 통화정책 수단의 조합을 생각해보고 있다"고 말했다. 또 한국형 양적완화에 대해 "구조조정 재원 마련에 있어 유력한 아이디어"라면서 "정책 조합에 이런 내용이 들어간다"고 말했다.
>
> 방송 녹화는 지난달 29일 오후에 이뤄졌다. 이날 오전 한은은 공식적으로 한국형 양적완화에 대한 반대 입장을 밝혔다. 정부가 한은의 반대에도 불구하고 한국형 양적완화 추진 의지를 피력한 셈이다.
>
> 임종룡 금융위원장도 이날 언론사 경제·금융 부장들과의 오찬에서 국책은행 자본 확충과 관련해 "국가적인 위험요인 해소를 위해 중앙은행이 적극적 역할을 추진할 필요가 있다"면서 "필요시 산업은행법을 개정해 한은 출자를 추진할 예정"이라고 말했다. 임 위원장은 "국책은행에 대한 자본 확충은 정부 재정이나 한은 출자를 통한 증자, 조건부 자본증권(코코본드) 발행을 통한 방식이 있다"며

> "어느 쪽이든 (구조조정의 시급성을 감안할 때) 빨리 해야 한다"고 강조했다. '시급성'을 감안할 때 국회 동의를 거쳐야 하는 추가경정예산(추경) 편성을 통한 재정지출보다 한은의 출자가 낫다는 뜻이다.
>
> 이처럼 정부가 한은에 한국형 양적완화 실행을 다각도로 압박하는 이유는 '정치적 부담' 때문이라는 분석이다. **조복현 한밭대 경제학과 교수**는 "재정 적자가 늘어나는 것에 부담을 느끼고 증세론이 또다시 제기되는 것을 피하려는 의도"라면서 "한은 입장에서는 돈을 뿌리게 되면 인플레이션에 대한 책임이 생겨 피하려는 것"이라고 설명했다. 한은이 발권력을 동원할 경우 특혜 시비가 끊이지 않는 것도 경계하는 대목이다. **성태윤 연세대 경제학부 교수**는 "원칙적으로는 재정정책을 통한 구조조정 지원이 맞다"면서도 "정부가 한은을 통해 실탄을 마련하려는 것은 시간 싸움인 구조조정에서 재정정책이 실행되기까지 시간이 걸릴 수 있고, 그 과정에서 신용경색 발생 가능성도 우려하는 것"이라고 말했다.(서울신문, 2016년 5월 2일자)

국내 일간지 및 해외 유력지 기사에 포함된 독립 취재원 수는 신문별로 유의한 차이가 있었다. 구체적으로는 뉴욕타임스가 기사당 평균 4.24개의 취재원을 포함했으며 더 타임스는 2.22개, 아사히신문은 .83개였다. 이에 비해 국내 일간지의 독립 취재원 수는 .59개에 불과했다(〈표 4-10〉 참조). 특히 독립 취재원이 하나도 없는 기사가 464건으로 66.9%에 이르렀다. 이에 비해 뉴욕타임스는 독립 취재원이 없는 기사가 8건(11.1%), 더 타임스는 13건(24.1%), 아사히신문은 43건(58.3%) 등이었다(〈표 4-11〉 참조).

한편, 국내 신문사별로는 기사에 사용된 독립 취재원 수에서 유의

〈표 4-10〉 국가별 독립 취재원 수

	기사당	최소	최다
국내 일간지	.59	0	10
뉴욕타임스	4.24	0	26
더 타임스	2.22	0	11
아사히신문	.83	0	12

〈표 4-11〉 국가별 독립취재원이 전무(全無)한 기사 비율 비교

(단위: %)

	독립취재원 없음	독립취재원 있음
국내 일간지	66.9	33.1
뉴욕타임스	11.1	88.9
더 타임스	24.1	75.9
아사히신문	58.3	41.7

한 차이가 없었다. 그럼에도 불구하고 독립 취재원 수가 가장 많은 언론사는 조선일보(.79개), 국민일보(.75개), 중앙일보(.73개) 등이었고, 가장 적은 신문사는 세계일보(.36개), 경향신문(.39개) 등이었다(〈표 4-12〉 참조).

2) 일반인 취재원의 수

일반인 취재원이란 기사에 취재원으로 사용된 일반 시민을 의미한다. 따라서 정치인, 공무원, 전문가, 기업인, 시민단체 관계자 등은 모두 제외된다. 국내 신문의 경우 일반인 취재원의 목소리가 적다는 지

〈표 4-12〉 국내 일간지의 독립 취재원 수

	기사당	최소	최다
경향신문	.39	0	3
국민일보	.75	0	6
동아일보	.48	0	10
문화일보	.55	0	5
서울신문	.62	0	10
세계일보	.36	0	3
조선일보	.79	0	6
중앙일보	.73	0	5
한겨레	.66	0	5
한국일보	.58	0	5
전체	.59	0	10

적이 끊임없이 제기됐다. 언론이 공중의 의견을 나누는 공간이라는 측면에서 보다 적극적으로 일반인 취재원의 목소리를 담을 필요가 있다.

조사 결과, 1면 기사 1건에 포함된 일반인 취재원 수는 뉴욕타임스가 평균 .81명으로 국내 일간지나 더 타임스 기사에 비해 유의하게 더 많았다. 특히 국내 신문의 경우 뉴욕타임스의 5분의 1 수준인 평균 .16명에 불과했다(〈표 4-13〉 참조). 이러한 결과는 박재영 등(2014)의 연구와 비교할 때 거의 유사한 것으로 판단된다. 즉, 해당 연구에 따르면 1992년부터 2012년까지 다섯 차례의 대통령 선거에서 기사별 일반 시민의 직접 인용은 평균적으로 한겨레 0.4개, 중앙일보 0.2개, 조선일보 0.1개 등으로 극히 적었다.

국내 신문들이 해외의 유력 신문에 비해 일반인 취재원 인용에 얼마

〈표 4-13〉 국가별 일반인 취재원 수

	기사당	최소	최다
국내 일간지	.16	0	11
뉴욕타임스	.81	0	7
더 타임스	.11	0	2
아사히신문	.25	0	7

나 인색한지는 다음의 결과를 보면 보다 명확하다. 구체적으로 국내 기사 중 대다수인 647건(93.2%)은 일반인 취재원을 포함하지 않았으나 뉴욕타임스의 경우 오히려 일반인 취재원이 없는 기사가 48건(66.7%)이었다. 즉, 뉴욕타임스 기사 중에는 일반인 취재원이 없는 기사가 더 적다는 것이다. 또한 더 타임스와 아사히도 일반인 취재원을 포함하지 않은 기사의 비중이 각각 90.7%, 86.1%로 낮은 편에 속했지만, 국내 기사보다는 일반인 취재원을 포함한 기사가 많았다. 이러한 결과는 한국의 기사가 지나치게 공적인 취재원에 의존하며 일반 시민들의 목소리를 대변하지 못한다는 선행연구들의 비판을 그대로 반영하는 것으로 볼 수 있다.

한편, 국내 일간지별 일반인 취재원 수의 경우 통계적으로 유의한 차이는 없었지만, 일반인 취재원 수가 가장 적은 신문은 문화일보(0명), 가장 많은 신문은 한겨레(0.27명)였다. 그러나 전반적으로는 0~.26명으로 신문 기사에서 일반인의 목소리를 찾기는 쉽지 않았다(〈표 5-3〉 참조).

3. 기사가 전하는 정보의 가치

좋은 품질의 기사란 기사에 담긴 정보의 가치로 판단할 수 있으며, 이 연구에서는 관점의 다양성, 이해 당사자의 수, 기사의 구성(분석 vs. 사건), 그리고 심층성 등으로 분석해보았다.

1) 관점의 다양성

한국 사회는 어느새 언론의 정파성이라는 말이 전혀 낯설지 않은 시대에 접어들었다. 많은 사람들이 언론은 으레 정파적이며, 정파적인 보도는 딱히 나쁘지 않으며 오히려 정치 성향이 상이한 수용자들에게 뉴스나 신문 선택의 폭을 넓혀주는 긍정적인 측면을 지닌다고 말한다. 이런 주장에 동의하는 기자들도 있다. 이제 어느 누구도 기사가 한쪽으로 치우쳐있다는 것을 부인하지 않으며 거기에 거부감을 갖지도 않는다. 정파를 생산하고 정파를 소비하는 시대인 것이다. 하지만 이는 전적으로 저널리즘을 잘못 이해한 데서 나오는 그릇된 생각이다.

신문은 사설이나 칼럼 같은 의견 기사에서 정파적 입장을 드러내도 된다. 하지만 사실 기사는 절대로 정파적 입장으로 보도하면 안 된다. 그렇다고 매사를 여러 입장별로 균형을 맞추어서 보도하라는 게 아니다. 작고 힘없는 입장이라 하더라도 제외하지 말고 기사에 포함시켜서 시민 대중이 여러 다양한 입장이 존재한다는 것과 각 입장의 내용이 무엇인지 알 수 있도록 도와주라는 뜻이다. 이런 취지를 반영하는 유목이 '관점 다양성'이다.

관점 다양성은 '큰 틀에서' 기사를 읽고 측정하는 유목이다. 예를 들어, 정부 정책에 대한 입장은 큰 틀에서 볼 때 대개 찬성과 반대로 나뉜다(조건부 찬성이라는 제삼의 입장도 있을 수 있다). 만일 반대 입장이 미약하다고 할 때, 찬성 일변도로 보도하는지, 반대 입장을 소개하는 정도로 그치는지, 반대 입장도 상당히 반영하는지 등을 측정해보는 것이다.

관점 다양성은 이해 당사자와 다르다. 정부 정책에 찬성하는 입장의 사람들이라 하더라도 찬성의 이유가 서로 다를 수 있다. 정부 정책에 찬성한다는 입장은 하나의 관점이라 할 수 있고, 찬성의 여러 이유는 서로 다른 이해 당사자들이라 할 수 있다.

이 연구는 관점 다양성을 '복합적 관점', '대체로 단일 관점', '완전히 단일 관점'이라는 세 가지로 나누어 측정했다. '복합적 관점'은 하나의 견해가 기사의 3분의 2 이상을 구성하지 못하면서 기사의 나머지 부분에 다른 견해가 제시되어 있는 경우다. '대체로 단일 관점'은 다른 견해가 일시적으로 또는 부분적으로 언급되기만 한 경우다. '완전히 단일 관점'은 다른 견해에 대한 일시적인 언급조차 없는 경우다.

다음은 '복합적 관점'을 나타내는 기사의 예다. 이 기사는 세 문단으로 구성됐는데 두 번째 문단에 하나의 관점(〈관점 1〉)이 나오고 세 번째 문단에 또 다른 관점(〈관점 2〉)이 나온다. 어느 관점도 전체 기사의 3분의 2를 넘지 않는다.

> 박근혜 대통령은 5일 오후 9시 시진핑(習近平) 중국 국가주석과 45분간 전화 통화를 갖고 북한의 핵실험과 장거리 미사일 발사 예고 대응 방안에 대해 논의했다고 청와대가 밝혔다. 두 정상의 통화는 지난달 6일 북한의 4차 핵실험 이후 30일 만이다. 이날 전화 통

화는 중국 측 요청으로 이뤄진 것으로 전해졌다.

〈관점 1〉 박 대통령은 통화에서 "북한의 도발은 한반도, 동북아와 세계 평화에 위협을 가하는 행위로서 이번만큼은 북한을 변화시킬 수 있는 강력하고 실효적인 결의를 유엔 안보리에서 채택하는 등 국제사회의 단호한 메시지가 신속히 행동으로 이어져야 한다"고 강조했다. 또 박 대통령은 "안보리 상임이사국이자 북한에 대해 다양한 수단을 가진 중국이 적극적으로 협조해달라"고 요청했다고 청와대가 전했다.

〈관점 2〉 이날 시 주석의 발언은 중국 측과의 협의 문제로 바로 공개되지 않았다. 시 주석은 '핵실험·미사일 반대'를 강조하면서도 '대화를 통한 노력을 계속하고 긴장이 고조되는 건 막아야 한다'는 기존 입장을 되풀이한 것으로 알려졌다. 대북 제재 수위를 놓고 양국 간 이견을 좁히지 못한 것으로 풀이된다. 또 시 주석은 지난 2~4일 우다웨이(武大偉) 중국 외교부 한반도사무특별대표의 방북 결과를 전하면서 '북한 측에 중국은 현 상황을 더욱 긴장시키는 사건이 발생하는 것을 원치 않는다는 점을 명확히 했다'고 한 것으로 알려졌다.

'대체로 단일 관점'은 다음의 기사를 예로 들 수 있다. 기사에서 〈관점 1〉로 표시된 부분이 전기요금 누진제를 완화하겠다는 정부의 입장이며 〈관점 2〉는 그런 정책에 의문을 제기하며 누진제 자체를 고쳐야 한다는(정부 정책에 반대하는) 입장이다. 전체적으로 기사에서 〈관점 1〉이 차지하는 면적이 대부분이며 〈관점 2〉의 면적은 일부분에 불과하다. 첫 번째 문단의 마지막 문장에도 〈관점 2〉가 덧붙여져 있다.

〈관점 1〉 정부와 여당이 '전기요금 폭탄'에 대한 국민 불만이 커지자 11일 긴급 협의회를 열고 주택용 전기요금 누진제를 7~9월에 한해 완화하기로 했다. 이에 따라 해당 3개월간 가구당 전기요금은 평균 19.4% 줄어든다고 정부는 밝혔다. 〈관점 2〉 그러나 누진제로 폭등한 요금을 소폭 줄여주는 수준이어서 실제 효과는 크지 않다는 지적도 나온다.

〈관점 1〉 올여름 폭염(暴炎)이 발생한 뒤 전력 사용량에 따라 최대 11.7배 중과하는 누진제를 손봐야 한다는 여론이 거세게 일었지만, 산업통상자원부는 이날 오전까지만 해도 "전력 대란과 부자 감세 가능성 탓에 누진제 완화는 어렵다"는 입장을 고수했다. 그러나 박근혜 대통령이 이날 새누리당 신임 지도부와 가진 오찬에서 "올해 이상 고온으로 국민이 힘들어하기 때문에 정부는 좋은 방안이 없을까 검토해왔다"며 "당과 잘 협의해 조만간 방안을 발표하겠다"고 밝히자, 산업부는 바로 입장을 바꿨다.

산업부는 현행 6단계인 누진제 구간 기준선을 50㎾h씩 높이기로 했다. 1단계의 경우 100㎾h 이하에서 150㎾h 이하로, 2단계는 101~200㎾h에서 151~250㎾h 등으로 상향 조정, 요금을 할인해주겠다는 것이다. 산업부는 "이 조치로 전체의 95%인 2,200만 가구가 혜택을 본다"며 "3개월간 가구당 전기료가 평균 2만 1,000원 줄 것"이라고 말했다.

〈관점 2〉 그러나 누진제 자체를 고치지 않는 한 요금 폭탄을 없애기는 어렵다는 지적이 나온다. 이전에 월평균 전력을 350㎾h 사용해 월 6만 2,900원의 전기료를 내던 4인 가족이 올 8월에 에어컨 한 대를 하루 평균 8시간 튼다면, 전력 사용량은 800㎾h로 늘면서 전기료는 37만 8,600원으로 급등한다. 이번 조치로 부과되는 요금은 34만 1,800원으로, 3만 6,800원이 줄어드는 데 그친다.

〈관점 1〉 정부는 이번 요금 인하를 이달 말 배부되는 7월 고지서부터 소급해 적용하기로 했다. 정부와 여당은 태스크포스(TF)를 구성해 11.7배에 달하는 누진율을 낮추기 위한 중장기 대책도 논의하기로 했다.

다음은 '완전히 단일 관점'의 예인데, 기사에 〈관점 1〉, 즉 오라스콤의 입장만 소개되어 있다.

〈관점 1〉 북한에 '고려링크'란 합작회사를 세워 이동통신 사업을 해온 이집트 통신 대기업 오라스콤이 3일(현지 시각) 계열 금융사인 '오라뱅크(Orabank)'의 평양지점 폐쇄를 결정했다. 유엔 안전보장이사회가 지난달 30일 북한의 5차 핵실험에 대응해 새로운 대북 제재안(2321호)을 내놓은 이후 첫 이행 사례다.

오라스콤은 이날 이집트거래소 공지를 통해 "오라스콤은 미국 재무부 해외자산통제국(OFAC)의 제재에 따라 북한 내 모든 금융거래 활동을 중단하고 오라뱅크 평양지점도 철수한다"고 밝혔다. 오라스콤 이사회는 지난달 28일 회의를 통해 오라뱅크의 평양지점의 금융 활동이 유엔 안보리와 미 재무부 제재에 저촉될 가능성이 크다고 판단하고 폐쇄를 결정한 것으로 알려졌다. 나깁 사와리스 오라스콤 회장은 이사회 회의가 열렸던 당일 전용기 편으로 북한을 방문했다.

이집트는 중동전쟁에 참전해 도움을 준 북한과 특수 관계를 맺고 있으나 최근에는 북한의 핵개발과 관련해 규탄 성명을 내는 등 갈등을 빚고 있다.

분석 결과, '복합적 관점'의 경우, 뉴욕타임스의 비율이 58.3%로 가장 높았으며, 그다음은 더 타임스(40.7%), 국내 일간지(17.1%), 아사히신문(13.9%)이었다. 뉴욕타임스의 이 비율은 국내 일간지의 3.4배였다. 하지만 '완전히 단일 관점'은 이와 정반대의 결과를 보여주었다. 즉 국내 일간지가 59.5%로 가장 높았으며, 그다음은 아사히신문(56.9%), 더 타임스(27.8%), 뉴욕타임스(16.7%)였다. 국내 일간지의 이 비율은 뉴욕타임스의 3.6배였다(〈표 4-14〉, [그림 4-3] 참조).

관점 다양성을 국내 일간지별로도 살펴보았다. '복합적 관점'의 비율은 경향신문(22.9%)과 세계일보(20.8%)가 높았으며 한국일보(12.5%)와 문화일보(13.3%)는 낮았다(〈표 4-15〉, [그림 4-4] 참조). 경향신문과 한국일보의 차이는 두드러진 편이지만 나머지 신문들 간의 차이는 미세했다. '완전히 단일 관점'의 비율은 서울신문(70.4%)과 문화일보(68.3%)가 높았으며 한겨레(46.5%)와 국민일보(52.8%)는 낮았다. 서울신문-문화일보와 한겨레-국민일보 간의 차이는 뚜렷한 편이지만 나머지 신문들 간의 차이는 그렇지 않았다.

선행연구 3건과 비교해보면, '완전히 단일 관점'의 기사 비율이 높아진 경향성이 뚜렷하게 발견된다. 이 비율은 2006년 조사에서 18.8%를

〈표 4-14〉 국가별 관점 다양성 기사 비율

(단위: %)

	복합적 관점	대체로 단일 관점	완전히 단일 관점
국내 일간지	17.1	22.9	59.9
뉴욕타임스	58.3	25.0	16.7
더 타임스	40.7	31.5	27.8
아사히신문	13.9	29.2	56.9

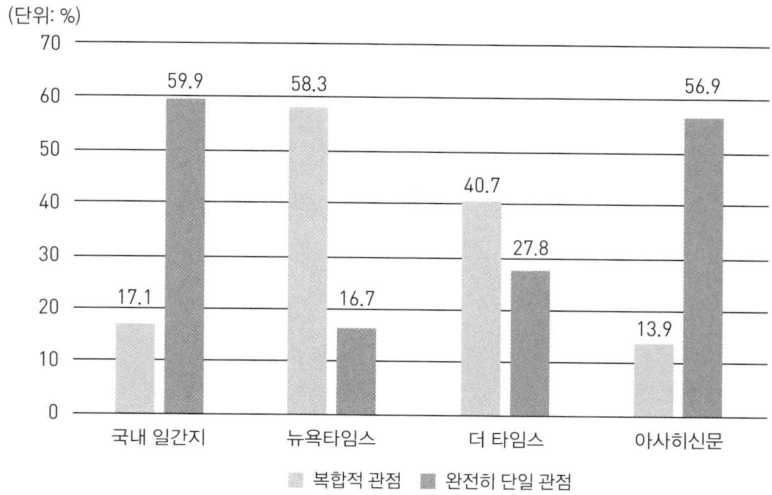

[그림 4-3] 국가별 관점 다양성 기사 비율

〈표 4-15〉 국내 일간지의 관점 다양성 기사 비율

(단위: %)

	복합적 관점	대체로 단일 관점	완전히 단일 관점
경향신문	22.9	21.4	55.7
국민일보	15.3	31.9	52.8
동아일보	19.7	15.5	64.8
문화일보	13.3	18.3	68.3
서울신문	16.9	12.7	70.4
세계일보	20.8	16.7	62.5
조선일보	15.3	26.4	58.3
중앙일보	14.3	20.6	65.1
한겨레	19.7	33.8	46.5
한국일보	12.5	30.6	56.9
전체	17.1	22.9	59.9

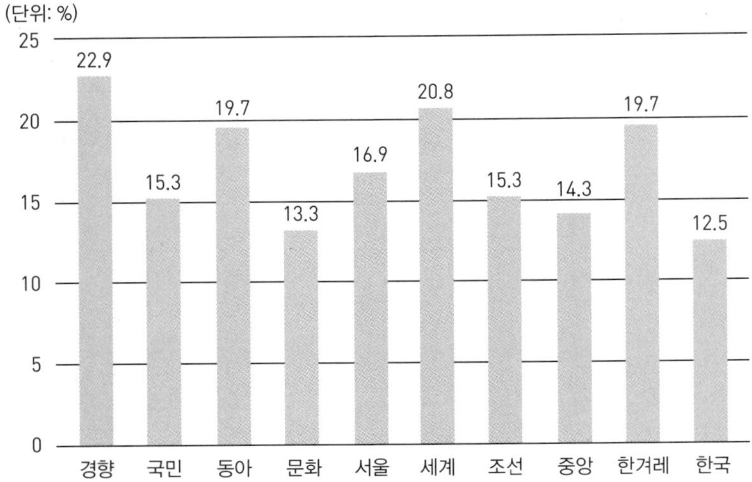

[그림 4-4] 국내 일간지의 복합적 관점 기사 비율

나타냈다가 1990~2007년 조사에서 28.3%, 2003~2010년 중앙지 조사에서 34.7%로 계속 높아졌다. 그리고 이번 2017년 조사에서 59.9%로 최고치를 보였다. '복합적 관점'의 기사는 이와 반대의 경향을 보여 2006년 조사에서 42.4%로 제법 높았다가 1990~2007년 조사에서 28.3%로 뚝 떨어졌고, 다시 2003~2010년 중앙지 조사와 이번 2017년 조사에서 10%대로 더 떨어졌다(〈표 4-16〉 참조).

2) 이해 당사자의 수

이해 당사자는 기사의 사안과 관련되어 이해관계가 얽혀 있는 주체를 뜻한다. 언론이 다루는 거의 모든 사안은 이해관계가 복잡하게 얽혀있는 사안이다. 시민 대중은 과거처럼 동질적이지 않으며 여러 개의 거대한 집단들로 나뉘어 있고 동일 그룹 내에서도 여러 상이한 입장의

〈표 4-16〉 국내 매체별 관점 다양성 기사 비율

(단위: %)

	2006	1990~2007	2003~2010 중앙지	2017	2003~2010 방송사	2003~2010 지방지
완전히 단일 관점	18.8	28.3	34.7	59.9	26.3	35.3
대체로 단일 관점	38.9	43.4	51.4	22.9	50.3	50.7
복합적 관점	42.4	28.3	13.9	17.1	23.3	14.0

– 2006: 2006년 1월~10월, 5개 일간지(경향신문, 동아일보, 조선일보, 중앙일보, 한겨레), 1면 머리기사 분석(박재영, 2006).
– 1990~2007: 1990년~2007년, 10개 일간지(경향신문, 국민일보, 동아일보, 문화일보, 서울신문, 세계일보, 조선일보, 중앙일보, 한겨레, 한국일보), 1면 전체 기사 분석(박재영 · 이완수, 2007).
– 2003~2010: 2003년 2월~2005년 6월, 2008년 2월~2010년 6월, 6개 중앙지(경향신문, 동아일보, 조선일보, 중앙일보, 한겨레, 한국일보) 1면 전체 기사, 7개 지방지(경인일보 강원일보 대전일보 부산일보 매일신문 전남일보 전북일보) 1면 전체 기사, 3개 방송사(KBS MBC SBS) 저녁 종합뉴스 첫 4개 뉴스 리포트(박재영 · 이완수, 2010).
– 2017: 2016년 1월~12월, 10개 일간지(경향신문, 국민일보, 동아일보, 문화일보, 서울신문, 세계일보, 조선일보, 중앙일보, 한겨레, 한국일보), 1면 기사 3개(본 연구).

하위 그룹들이 존재한다. 이렇게 잘게 쪼개진 그룹들은 이해관계를 달리한 채 갈등을 겪고 있다고 볼 수 있다. 따라서 언론은 이런 그룹들을 기사에 최대한 많이 등장시켜 그들의 주장이나 의견을 소개함으로써 사회적 소통에 기여하고 상호 이해 증진을 북돋우게 된다. 이해 당사자 수는 그래서 중요하다.

갈등적 상황에 있다고 말할 수 있는 사안에는 기본적으로 2개 이상의 이해 당사자가 존재한다. 예를 들어, 대학 입시라는 사안에 관련될 수 있는 이해 당사자는 입시생, 대학, 교육부, 학부모, 입시학원 등으로 다양하다. 만일 현대자동차 노조파업 기사에 현대자동차, 현대자동차 노조, 정부, 소비자, 하청업체 A가 등장했다면 이해 당사자는 5개가 된다. 그런데 하청업체 A와 이해관계가 상이한 하청업체 B까지 기사에 등장했다면 이해 당사자는 6개가 된다. 이해 당사자는 반드시 실명일 필요가 없다. 기사에 익명으로 등장했더라도 상이한 이해관계를 언급하는 취재원은 이해 당사자로 간주될 수 있다. 다음은 기사의 일부를 발췌한 것인데, 여기에는 청와대, 민주당, 새누리당이라는 3개의 이해 당사자가 등장한다.

> (…) 청와대 관계자는 6일 "이번 주는 박 대통령과 여야 대표 회동이 성사될 수 있도록 최선을 다할 것"이라며 (…) "박 대통령 본인은 야당에 김 총리 후보자 임명에 협조해줄 것을 설득할 것"이라고 말했다. (…) 하지만 민주당은 '총리 지명 철회' 등을 선결조건으로 내걸며 한 비서실장의 면담 요청도 거부한 것으로 알려졌다. (…) 하지만 새누리당 내에서는 야당이 끝까지 '김병준 총리' 카드를 받아들이지 않을 경우 결국 김 후보자 지명을 철회하고 여야가 추천하는 총리를 임명하는 방향으로 갈 수밖에 없지 않으냐는 관측도 나온다.

분석 결과, 뉴욕타임스의 이해 당사자 수는 7.7개로 가장 많았으며, 그다음은 더 타임스(3.9개)와 아사히신문(3.1개)이었다(〈표 4-17〉, [그림 4-5] 참조). 국내 일간지는 가장 적었는데, 10개 전국 일간지는 평균적으로 기사에 2.6개의 이해 당사자를 포함했다. 뉴욕타임스의 이해 당사자 수는 국내 일간지의 약 3배였다. 아사히신문의 수치는 국내 일간지보다 미세하게 높았다.

〈표 4-17〉 국가별 이해 당사자 수

	기사당	최소	최다
국내 일간지	2.6	0	14
뉴욕타임스	7.7	0	21
더 타임스	3.9	0	16
아사히신문	3.1	0	11

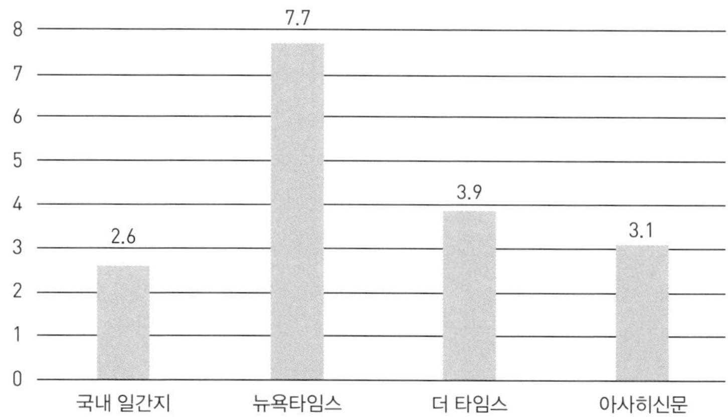

[그림 4-5] 국가별 이해 당사자 수

최다 이해 당사자는 뉴욕타임스에서 발견되어, 한 기사에 무려 21개의 이해 당사자가 포함되어 있었다. 그다음은 더 타임스(16개), 국내 일간지(14개), 아사히신문(11개)이었다. 국내 일간지의 수치는 아사히신문보다 조금 낮았다.

국내 일간지별로 이해 당사자의 수를 보면, 한겨레(3.3개)와 국민일보(3.1개)가 많았으며 서울신문(2.2개)과 경향신문(2.3개), 한국일보(2.3개)는 적었다(〈표 4-18〉, [그림 4-6] 참조). 한겨레와 서울신문-경향신문-한국일보 간의 차이(약 1개)는 두드러진 편이지만 나머지 신문들 간의

〈표 4-18〉 국내 일간지의 이해 당사자 수

	기사당	최소	최다
경향신문	2.3	0	8
국민일보	3.1	0	12
동아일보	2.8	0	9
문화일보	2.8	0	14
서울신문	2.2	0	8
세계일보	2.5	0	7
조선일보	2.7	0	9
중앙일보	2.5	0	9
한겨레	3.3	0	9
한국일보	2.3	0	10
전체	2.6	0	14

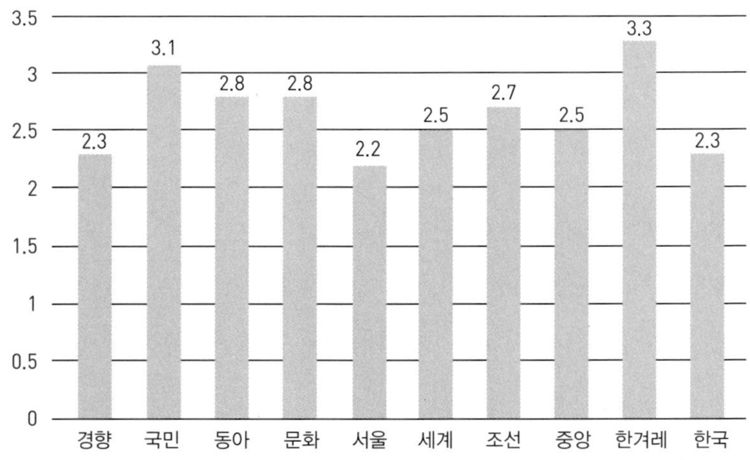

[그림 4-6] 국내 일간지의 이해 당사자 수

차이는 미세해서 우위를 단정하기 어려웠다. 이해 당사자 최다 빈도는

〈표 4-19〉 국가별 이해 당사자 1개 이하, 10개 이상인 기사 비율

(단위: %)

	1개 이하인 기사	10개 이상인 기사
국내 일간지	31.7	0.4
뉴욕타임스	8.3	36.1
더 타임스	25.9	9.3
아사히신문	20.8	2.8

문화일보 기사에서 14개, 국민일보 기사에서 12개가 발견된 경우였다.

이해 당사자가 1개 이하인 기사와 10개 이상인 기사의 비율도 분석해보았다(〈표 4-19〉 참조). 이해 당사자가 1개 이하인 기사의 비율은 국내 일간지가 31.7%로 가장 높았으며, 그다음은 더 타임스(25.9%), 아사히신문(20.8%), 뉴욕타임스(8.3%)였다. 이해 당사자가 하나도 없거나 1개뿐인 기사는 국내 일간지의 경우 기사 10개 중 3개나 발견될 정도로 많은 반면에 뉴욕타임스의 그런 기사는 기사 10개 중 1개가 채 되지 않는다는 것이다. 아사히신문의 이 비율 역시 국내 일간지보다 낮았다. 이와 대조적으로, 이해 당사자가 10개 이상인 기사의 비율은 뉴욕타임스가 36.1%로 가장 높았으며, 그다음은 더 타임스(9.3%), 아사히신문(2.8%), 국내 일간지(0.4%)였다. 이해 당사자가 10개 이상인 기사에서 뉴욕타임스는 타 신문들에 비해 압도적으로 우월했다.

선행연구 3건과 비교해보면, 조사 시기와 분석 매체가 다소 다르더라도 이해 당사자 수는 2~4개를 유지하고 있다(〈표 4-20〉 참조). 1990~2007년 연구(3.60개), 2003~2010년 연구의 방송사(3.12개)와 2006년 연구(3.02개)의 수치가 조금 높고, 2003~2010년 연구의 지방지(2.55개)와 본 연구(2017년 2.64개)의 수치는 조금 낮다.

〈표 4-20〉 국내 매체별 이해 당사자 수

2006	1990~2007	2003~2010 중앙지	2017	2003~2010 방송사	2003~2010 지방지
3.02	3.60	2.83	2.64	3.12	2.55

- 2006: 2006년 1월~10월, 5개 일간지(경향신문, 동아일보, 조선일보, 중앙일보, 한겨레), 1면 머리기사 분석(박재영, 2006).
- 1990~2007: 1990년~2007년, 10개 일간지(경향신문, 국민일보, 동아일보, 문화일보, 서울신문, 세계일보, 조선일보, 중앙일보, 한겨레, 한국일보), 1면 전체 기사 분석(박재영 · 이완수, 2007).
- 2003~2010: 2003년 2월~2005년 6월, 2008년 2월~2010년 6월, 6개 중앙지(경향신문, 동아일보, 조선일보, 중앙일보, 한겨레, 한국일보) 1면 전체 기사, 7개 지방지(경인일보, 강원일보, 대전일보, 부산일보, 매일신문, 전남일보, 전북일보) 1면 전체 기사, 3개 방송사(KBS, MBC, SBS) 저녁 종합뉴스 첫 4개 뉴스 리포트(박재영 · 이완수, 2010).
- 2017: 2016년 1월~12월, 10개 일간지(경향신문, 국민일보, 동아일보, 문화일보, 서울신문, 세계일보, 조선일보, 중앙일보, 한겨레, 한국일보), 1면 기사 3개(본 연구).

3) 기사의 구성: 분석 중심 vs. 사건 중심

좋은 기사의 요건 중 하나는 기사에서 맥락context을 제공해야 한다는 것이다(Glandly, Shapiro, & Castaldo, 2007; Lacy & Rosenstiel, 2015). 맥락을 제공한다는 것은 기자들이 사건이나 이슈를 전달하면서 사실적 정보뿐 아니라 그 배경이나 원인을 알 수 있는 정보를 제공한다는 것을 말한다(Kovach & Rosenstiel, 2014; Spurk, Lopata, & Keel, 2010).

기사의 맥락 제공 여부를 측정하는 방식은 학자마다 조금씩 다른 관점에서 접근해왔다. 예를 들어, 스퍼크 등(Spurk, Lopata, & Keel, 2010)은 특정 사안에 대한 맥락은 다음과 같은 4개 단계의 정보를 더 많이 포함할수록 그 사안을 더 완벽하게 다룰 수 있다고 보았다. 즉, ① 사건에 대한 단순 기술description, ② 직접적인 원인이나 계기, ③ 사건이나 문제가 발생하게 된 역사와 배경, 그리고 ④ 잠재적인 결과 등을 얼마나 포함했는가에 달려 있다는 주장이다.

이와 유사하게 분석의 기능을 강조한 학자들도 있다. 반허스트와 머츠(Barnhurst & Mutz, 1997)는 기사의 구성 방식을 사건 중심 보도event-centered coverage와 분석 중심 보도analysis-centered coverage로 구분하고 분석 중심 보도가 맥락을 보다 잘 전달할 수 있다고 주장했다. 국내에서도 이러한 틀을 토대로 사건 중심 기사보다는 분석 중심 기사를 더 심층적인 기사로 분석한 바 있다(박재영·안수찬·박성호, 2014). 연구자들은 기사의 심층성을 사건 기사–해설 기사–기획 기사 등의 순서로 깊어지는 것으로 정의했다. 1992년부터 2012년까지 대통령 선거에 대한 조선일보, 중앙일보, 한겨레의 다섯 차례의 보도를 분석한 결과 1992년 사건 기사의 비중이 가장 높았으며, 1997년과 2007년에 다소 하락했으나 전반적으로는 60~70%에 이르렀다.

이번 연구 결과 국내 일간지에서 사건 중심 기사의 비중은 90.6%, 분석 중심 기사는 9.4%에 불과했지만, 뉴욕타임스는 반대로 분석 중심이 70.8%, 그리고 사건 중심이 29.2%였다. 즉, 국내 일간지의 경우 기사 10건 중 1건이 분석 중심의 기사였다면, 뉴욕타임스는 분석 중심 기사가 10건 중 7건에 이르렀다는 것이다. 일본의 아사히신문도 분석 중심의 기사 비중이 절반 이상인 51.4%에 이르러 국내 신문에 비해서는 분석 중심 기사가 압도적으로 많았다. 한편, 영국의 더 타임스는 분석 중심이 31.5%로 기사 10건 중 3건 정도에 머물러 뉴욕타임스나 아사히신문보다는 분석 중심의 기사 비중이 낮은 것으로 나타났다(〈표 4-21〉 참조). 이러한 결과는 해외 언론에 비해 부족한 기자의 수 등으로 기자들이 주도적으로 사회적 이슈를 발굴하고 의미를 분석하기보다는 주어진 사건 중심으로 지면을 채우기 때문인 것으로 보인다.

〈표 4-21〉 국가별 구성 방식에 따른 기사 비율

(단위: %)

	사건 중심	분석 중심
국내 일간지	90.6	9.4
뉴욕타임스	29.2	70.8
더 타임스	68.5	31.5
아사히신문	48.6	51.4

다음의 기사는 폭스바겐이 배기가스 저감장치를 조작한 것으로 드러난 이후 미국 정부가 소송에 나선다는 정보를 사건 중심으로 보도한 기사이다. 소송 발생이라는 사건을 다룬 기사이지만, 사건의 배경 등을 알기는 어렵다.

> 경유차 배출가스 저감장치를 조작한 독일 자동차기업 폭스바겐을 상대로 미국 정부가 4일(현지시간) 천문학적 규모의 징벌적 손해배상 소송을 제기했다. 배상액은 최대 900억 달러(약 108조원)에 달할 수 있다. 소비자들의 집단소송에 이어 미국 정부까지 소송에 나서면서 지난해 9월 미 환경보호청(EPA)의 고발로 배출가스 조작이 드러난 후 사태 수습에 애쓰고 있는 폭스바겐에 큰 타격이 될 것으로 보인다. 미 법무부는 이날 "폭스바겐그룹, 자회사인 아우디, 포르셰 등이 경유차량 60만대의 배기가스 저감장치를 조작해 환경오염을 유발했다"며 환경보호청을 대신해 미시간주 디트로이트 연방법원에 민사소송을 제기했다고 밝혔다. 법무부가 공개한 소장에 따르면 미 정부는 차량 한 대당 최대 3만 7,500달러, 불법 배기가스 저감장치 한 개당 최대 3,750달러를 청구했다. 법원이 이를 받아들이면 손해배상 총액은 최대 900억 달러에 이를 수 있다. 지난해 9월

미국 정부가 추산한 배상액 규모(180억 달러)를 크게 뛰어넘는 수준이다. 신시아 길스 환경보호청 부청장은 "오늘의 소송으로 폭스바겐이 불법으로 공해를 일으킨 것에 대해 책임을 묻게 됐다. 국민 건강을 보호하는 데 중요한 진전이 될 것"이라며 "폭스바겐과 아직 합의를 보지 못한 리콜 관련 논의는 소송과 병행해서 진행될 것"이라고 말했다. 미국 정부는 폭스바겐에 형사책임을 묻기 위해 사기 혐의도 조사 중이다.(경향신문, 2016년 1월 6일자)

이에 비해 다음의 기사는 박근혜 전 대통령이 청년실업 문제의 해결을 위해 제안한 '청년희망펀드사업'을 다루고 있으며, 분석적이다. 왜냐하면 '청년희망펀드사업'의 시작을 알리는 데 그치지 않고 이 사업이 어떠한 배경에서 시작됐으며, 문제점은 무엇인지, 그리고 잘 정착하기 위해서는 향후 어떤 방향으로 진행되어야 할지 등에 대해 상세히 다루고 있기 때문이다.

지난해 9월 15일 국무회의에서 박근혜 대통령은 청년 고용의 물꼬를 트겠다며 청년희망펀드를 만들자고 제안했다. 직접 1호 가입자가 되어 일시금 2,000만 원을 기부했고, 매달 월급에서 20%를 펀드에 넣고 있다.

여러 대기업과 많은 시민이 동참한 결과 청년희망펀드 모금액은 지난해 말 1,208억 원이 됐다. 이 돈을 운용하는 청년희망재단은 지난달 '2016년 사업계획'을 발표했다. 8일부터 본격적인 일자리 창출 프로그램을 가동한다.

그런데 벌써 우려와 비판이 나오고 있다. 청년에게 일자리를 주기 위한 각종 사업이 정부가 이미 진행 중인 정책과 상당 부분 중복된다는 것이다. 차별성이 없어 투입 자금 대비 효과가 떨어진다는 부정적 전망도 제기된다.

전문가들은 청년들이 뭘 원하는지 고민하기에 앞서 돈부터 모은 결과라고 지적했다. 단기간에 폭발적으로 쌓인 막대한 돈. 과연 '흙수저' 청년들에게 희망을 줄 수 있을까. 그러려면 어떻게 해야 할까.

◇재탕, 삼탕 혹은 비효율=지난해 11월 5일 문을 연 청년희망재단은 불과 한 달 만에 올해 사업계획을 세웠다. 199억 8,000만 원을 투입해 15~34세 청년 12만 5,000여 명에게 취업 관련 서비스를 제공하고, 6,300개 청년 일자리를 새로 만들겠다고 했다.

재단이 공개한 프로그램은 '일자리 매칭'과 '인재 육성' 사업으로 나뉜다. 핵심은 '강소·중견 온리원 기업 채용 박람회'다. 매주 내실 있는 강소·중견 기업 1곳을 선정해 구직자에게 면접 서비스 등을 제공하는 것이다. 8일 한 내비게이션 업체를 초청해 첫 취업 박람회를 열기로 했다. 국내 기업의 해외법인에 청년을 파견하거나 미국 실리콘밸리 IT 기업에 취업하도록 관련 교육을 지원하는 방안도 계획하고 있다.

그러나 연간 2조원을 투자하고 있는 정부의 일자리 정책과 겹친다는 지적이 끊이지 않고 있다. 예를 들어 '글로벌 보부상 양성 사업'은 한국산업인력공단의 해외취업 사업인 'K-무브'와 취지, 방식이 비슷하다. 차이점은 해외취업 연수 기간뿐이다. K-무브 스쿨은 3~12개월, 글로벌 보부상 양성 사업은 12~18개월이다.

'멘토링 서비스'는 정부의 '창업 맞춤형 사업화 지원', '빅데이터 전문가 양성'은 고용노동부의 '청년취업 아카데미'와 중복된다. '청년관광통역안내사 양성' 과정에 참여하려면 문화체육관광부가 주관하는 관광통역안내사 자격증을 미리 따야 한다.

쓰는 돈에 비해 비효율적이라는 우려도 있다. 대학의 특정 학과를 졸업해야 신청할 수 있는 인재 육성 사업의 경우 290명을 교육하는 데 96억 원을 지원한다. 반면 모든 청년을 대상으로 하는 일자리 매칭 사업은 12만 4,500명에게 33억 7,000만원을 쓴다.

김종진 한국노동사회연구소 연구위원은 "정부의 일자리 정책이 놓치고 있는 고졸자나 학교 밖 청년 취업 지원 등을 공략하는 게 훨씬 효과적일 텐데, 방향을 잘못 잡은 듯하다"고 말했다. 신윤정 서울시 청년허브 기획실장은 "서울시가 준비 중인 청년수당이 비효율과 낭비라는 비판이 거센데 투입 예산과 효과를 비교해보면 청년희망재단의 사업이 더 비효율적인 것 같다"고 꼬집었다.

◇"기업 돈 걷어 기업 입사 지망생에게 주는 꼴"=전문가들은 최악의 경우 생색만 내다 공중분해될지 모른다는 우려까지 내놓았다. 정권이 바뀌거나 사업이 조기에 끝나면 펀드로 모인 돈은 국고로 귀속될 예정이다. 청년들이 가려워하는 부분, 절실하게 원하는 것부터 찾아내야 그 취지를 살릴 수 있다고 제언했다.

익명을 요구한 한국직업능력연구원의 연구위원은 "예를 들면 지방에서 서울의 기업까지 면접 보러 오려면 차비가 든다. 이런 비용을 지원해주는 게 밀착형 취업 지원이다. 또 너무 복잡한 정부 일자리 정책을 청년들에게 쉽게 소개하고 홍보하는 방안을 찾는 것도 하나의 방법이 될 수 있다. 정장을 구입하거나 빌리는 데 드는 돈을 줄이도록 재단에서 '편한 복장으로 면접 보기' 캠페인을 진행할 수도 있다"고 했다. 그는 "현행 방식은 기업에서 돈을 걷어 기업 취업 지망생에게 주는 꼴밖에 안 된다. 기존의 기업 인사 시스템에 맞춘 사업에서 벗어나 창의적이고 실질적인 대안을 고민해야 한다"고 덧붙였다.

정준영 청년유니온 정책국장은 "답이 없는 상태에서 돈부터 걷다보니 이런 결과물이 나온 것 같다"며 "눈치 보지 말고 재단만의 정책을 개발해야 한다"고 강조했다.(국민일보, 2016년 1월 6일자)

〈표 4-22〉 국내 일간지의 구성 방식에 따른 기사 비율

(단위: %)

	사건 중심	분석 중심
경향신문	85.7	14.3
국민일보	87.5	12.5
동아일보	91.5	8.5
문화일보	100.0	0.0
서울신문	95.8	4.2
세계일보	93.1	6.9
조선일보	84.7	15.3
중앙일보	92.1	7.9
한겨레	90.1	9.9
한국일보	87.5	12.5
전체	90.6	9.4

이처럼 독자에게는 분석을 곁들인 기사의 정보 가치가 높지만, 국내 신문들에서 분석 중심 기사의 비중은 높지 않을 뿐 아니라 국내 신문사별 차이도 유의하지 않았다. 다만, 문화일보의 경우 1면의 모든 기사가 사건 중심인 것으로 나타났다는 점이 주목할 만했다. 또한 비교적 분석 중심 기사의 비율이 높은 신문사는 조선일보(15.3%), 경향신문(14.3%), 국민일보와 한국일보(12.5%) 등이었다(〈표 4-22〉 참조).

4) 심층성: 원인 · 과정 · 결과 전망

기사의 심층성도 정보 가치를 판단하는 한 기준이지만, 선행연구에 따라 심층성이 무엇이며, 이를 어떻게 측정할 것인가에 대해서는 조금

씩 다르게 접근해왔다(박재영·안수찬·박성호, 2014; 이건호, 2008; 이건호·정완규, 2009). 한국 기자를 대상으로 좋은 저널리즘의 다양한 하위 요소(예를 들어, 정확성, 중립성, 공론장 기능, 심층성)에 대한 중요도를 평가한 연구에서 남재일과 이강형(2017)은 심층성을 "중요 뉴스에 대한 해설과 비평을 제공하는 것"으로 정의한 바 있다. 그러나 스퍼크 등(Spurk, Lopata, & Keel, 2010)은 원인, 배경, 역사, 결과 등이 잘 포함되어 있어야 사건의 맥락을 이해하기 쉽다고 밝혔다.

이러한 맥락에서 이 연구에서는 각각의 기사가 ① 과정과 결과만 포함했는지, ② 원인, 과정, 결과를 포함했는지, ③ 과정, 결과, 전망을 포함했는지, 그리고 ④ 원인, 과정, 결과, 전망 등을 모두 포함했는지를 기준으로 분류해보았다. '어떠한 맥락에서 사건(혹은 이슈)이 발생·진행됐는지를 이해하기 위해서는 기사가 원인, 과정, 결과, 전망 등 중에서 어느 하나만을 다뤄서는 안 되며 이를 포괄적으로 다뤄야 한다'는 판단에서다.

본 조사 결과 국내 일간지 기사 중 원인과 과정·결과, 그리고 전망을 모두 아우르는 정보를 담은 기사는 4.5%에 불과한 것으로 분석됐다. 이에 비해 미국의 뉴욕타임스의 경우 네 가지 정보를 모두 포함한 기사가 전체의 19.4%, 영국의 더 타임스도 13.0%, 일본의 아사히신문은 13.9%에 이르렀다(<표 4-23> 참조). 이러한 해외 유력 언론사와 비교할 때, 국내 기사 중 원인 과정 결과 전망 등을 모두 포함한 기사가 유독 적다는 것을 알 수 있다. 다음은 원인 과정 결과 전망을 모두 포함한 기사다.

〈표 4-23〉 국가별 심층성 정도에 따른 기사 비율

(단위: %)

	과정 · 결과	원인 + 과정 · 결과	과정 · 결과 + 전망	원인+과정 · 결과+전망
국내 일간지	66.0	8.6	20.9	4.5
뉴욕타임스	37.5	25.0	18.1	19.4
더 타임스	48.1	25.9	13.0	13.0
아사히신문	43.1	19.4	23.6	13.9

연휴와 박근혜 대통령의 12일간의 해외순방이 끝나면서 6월의 한국 경제는 그동안 미뤄 놓았던 난제들과 마주하게 됐다. 이달 말까지 예정되어 있는 대형 정책 발표와 결정들이 향후 한국 경제의 분수령이 될 것으로 전망된다. 발표 중에는 정치·사회적 갈등을 격화시켜 경제에 부정적 영향을 미칠 휘발성 큰 사안들도 포함되어 있다.

6일 정부 각 부처에 따르면 조선·해운업을 포함한 구조조정 방안 발표가 이달 중에 예정되어 있다. 구조조정의 폭과 강도, 이에 따른 대책 등이 나올 것으로 전망된다. 구조조정 지원을 위한 국책은행 자본확충 방안도 이때 나온다. 총선 직후인 지난 4월 15일 유일호 부총리 겸 기획재정부 장관은 “구조조정을 직접 챙기겠다”고 말했지만, 지금까지는 임종룡 금융위원장이 칼자루를 쥐어온 모양새다. “구조조정을 진두지휘하는 컨트롤타워가 없다”는 지적이 잇따르는 가운데 정부가 실행력 있는 방안을 내놓을지 주목된다. 하지만 조선·해운 부문에서만 3만~5만 명의 실업자가 발생할 것으로 예상되는 상황에서 정부가 제대로 된 대책을 내놓지 않을 경우 노동계의 저항이 커지고 해당 사업장이 몰린 영남권의 사회불안이 심화될 수 있다.

오는 24일쯤 발표될 영남권 신공항 건설 예정지도 정치적 파장이 만만치 않은 사안이다. 부산은 가덕도를, 대구는 경남 밀양을

지지하면서 10년째 첨예하게 대립하고 있다. 어느 쪽으로 결정이 나든 극심한 지역갈등을 불러올 수 있다.

에너지·환경·교육 공공기관의 통폐합 방안과 공공기관 성과연봉제를 박 대통령에게 보고하는 '공공기관장 워크숍'은 당초 9일에서 14일로 늦춰졌다. 워크숍이 연기된 것은 사안의 민감성을 고려해 막판 조율에 시간이 더 필요하기 때문으로 알려졌다. 한국광물자원공사는 여타 기관으로 기능을 이전해 통폐합하고, 대한석탄공사는 장성, 도계, 화순 등 산하 3개 광산을 정리한 뒤 폐업하는 방안이 검토되고 있다. 한국석유공사와 한국가스공사는 해외자원개발 업무를 통폐합하는 안이 나온다.

공공기관장 워크숍에서는 공공기관 성과연봉제 확대 도입도 보고된다. 5월 말 현재 120개 공공기관 중 114개 기관이 성과연봉제를 확대 도입했다. 하지만 상당수 기관은 노조 합의 없이 이사회 의결만으로 밀어붙이면서 노동계가 9월 총파업을 예고하며 반발하고 있다.

오는 29일에는 정부의 하반기 경제정책 방향이 발표될 것으로 예상된다. 정부가 올해 성장률 전망치를 3.1%에서 2%대로 내릴 것인지가 1차 관심사다. 바닥세인 경기를 살리기 위해 추가경정예산(이하 추경)을 편성하거나 추경 수준의 경기부양책을 내놓을 가능성도 있다. 동시에 한국은행에 대한 금리 인하 압박이 거세질 수도 있다.

김기홍 부산대 교수는 "정책은 타이밍이 중요한 만큼 주요 현안에 대한 대책을 제때 발표해야 한다"며 "정권 말기 등을 이유로 단기성과에 집착해서는 안 되며, 10년을 내다보는 장기 비전도 함께 제시되어야 한다"고 말했다.(경향신문, 2016년 6월 7일자)

이 기사는 6월로 예정된 주요한 사건을 예고하며 위기를 전망하는 기사로 위기의 원인과 위기가 향후 어떻게 진행될 수 있는지, 그리고 이러한 위기가 가져올 결과는 무엇인지에 대해 각각 전망하고 있다.

〈표 4-24〉 국내 일간지의 심층성 정도에 따른 기사 비율

(단위: %)

	과정 · 결과	원인 + 과정 · 결과	과정 · 결과 + 전망	원인+과정 · 결과+전망
경향신문	55.7	12.9	30.0	1.4
국민일보	58.3	8.3	23.6	9.7
동아일보	66.2	14.1	12.7	7.0
문화일보	71.7	1.7	25.0	1.7
서울신문	67.6	4.2	21.1	7.0
세계일보	63.9	5.6	27.8	2.8
조선일보	63.9	11.1	19.4	5.6
중앙일보	81.0	9.5	9.5	0.0
한겨레	76.1	8.5	9.9	5.6
한국일보	58.3	9.7	29.2	2.8
전체	66.0	8.6	20.9	4.5

한편 국내 일간지 중에서는 중앙일보(81.0%), 한겨레(76.1%), 그리고 문화일보(71.7%) 등에서 단순히 과정과 결과만 포함한 기사가 많은 것으로 나타났다(〈표 4-24〉 참조).

4. 주관의 배제

주류 저널리즘에서 기자들은 객관주의 원칙에 따라 기사를 작성할 때 사실과 의견을 분리하도록 요구받아왔다. 즉, 실증주의 과학의 관점을 도입한 저널리즘의 객관주의는 연구자가 주관을 배제하고 대상을 관찰할 수 있다는 인식론을 토대로 하며, 실증주의 과학에서처럼

기자들도 저널리즘을 실천하는 과정에서 객관적인 사실을 자신의 주관을 명백히 구분한 채 보도할 수 있다고 본다. 이처럼 저널리즘에서는 "사실과 의견의 엄격한 분리"를 주요한 원칙으로 여긴다(Schudson, 1978, 2001).

그러나 국내에서는 객관주의 사상이 제대로 정착하지 못해 객관주의와 관련된 한국 특유의 부정적 관행이 팽배하다는 비판이 꾸준히 제기됐다(박대민, 2015; 박재영·이완수, 2007; 이완수·박재영, 2013). 예를 들어, 취재원의 발언을 인용하면서 주관적인 술어를 사용해 기자의 의견을 개입시키는 행위(이완수·박재영, 2013), 무주체 피동형 문장을 사용해 자신의 의견을 객관화 혹은 일반화하는 관행, 그리고 자신의 의견을 익명의 취재원의 발언처럼 익명으로 보도하는 관행(박대민, 2015) 등은 모두 객관주의를 표방하면서도 실질적으로는 기자 개인의 의견을 제시하는 다양한 글쓰기 전략으로 비판받았다.

또한 "제목의 직접 인용구" 사용도 객관주의의 형식만을 가져온 것이란 주장이 제기됐다. 기자들은 논쟁적인 사안, 혹은 사실 확인이 되지 않은 사안을 보도할 때, 객관주의에 입각해 직접 인용 보도하거나 더 나아가 이를 제목으로 사용하기도 한다. 그러나 이러한 관행이 지나쳐서 사실의 검증이 필요한 보도에 대해서도 사실 확인 없이 취재원의 발언을 그대로 제목으로 제시한다는 비판을 받아왔다. 이러한 관점은 객관주의가 기자들의 전략적 의례에 불과하다는 터크만의 비판과 맥락을 같이한다(Tuchman, 1972).

1) 인용구의 주관적 술어 사용 여부

- "올해는 노동개혁을 반드시 완수하고 현장에 정착시킬 수 있도록 노사의 결단이 있어야 한다"고 **촉구했다.**(동아일보, 2016년 1월 21일자)
- 임 위원장은 특히 "한국은행이 나서라는 지적에 100% 동의한다"며 한은을 **압박했다.**(경향신문, 2016년 5월 2일자)

첫 번째 기사는 주요 부처의 신년 업무 보고 자리에서 대통령의 발언을 직접 인용하면서, "말했다"는 서술어 대신 대통령이 무엇인가를 요구했다는 의미에서 "촉구했다"라는 표현을 사용했다. 또한 두 번째 기사는 임종룡 당시 금융위원장이 언론사 경제부장단 간담회에서 국책은행인 산업은행의 자본 확충에 한국은행이 참여해야 한다는 내용을 직접 인용하면서 "압박했다"는 단어를 사용한 것이다. 그러나 기자는 박 전 대통령이 "촉구"한 것인지, 그리고 임 전 위원장이 "압박"한 것인지를 확인할 수 없으며 단지 자신의 주관적 의견을 기사에 반영한 것이다. 이처럼 "인용구의 주관적 술어"란 기자들이 취재원의 발언을 직접 인용해 보도하면서 인용구의 술어를 기자가 자의적으로 선택하는 관행을 말한다.

연구 결과 한국 신문들이 취재원의 발언을 직접 인용하면서 사용한 주관적 술어의 개수는 기사당 평균 1.40개에 이르렀으며, 최다 12개에 이르렀다. 이에 비해, 해외 주요 언론들은 주관적 술어의 사용이 상대적으로 적은 편이었다. 구체적으로 더 타임스가 .72개로 가장 적었으

〈표 4-25〉 국가별 인용구의 주관적 술어 사용 수

	기사당	최소	최다
국내 일간지	1.40	0	12
뉴욕타임스	1.22	0	13
더 타임스	.72	0	4
아사히신문	.85	0	6

며, 다음은 아사히신문과 뉴욕타임스 순서였다(〈표 4-25〉 참조). 이러한 차이는 통계적으로도 유의미했다. 또한 기사에서 주관적 술어를 보유한 기사의 비율로 볼 때도 한국은 61.2%, 뉴욕타임스는 50%, 더 타임스는 46%, 아사히신문 47% 등으로 큰 차이를 보였다.

한국의 신문에서는 직접 인용구에 주관적 술어를 자주 사용하지만, 미국의 교과서에서는 이러한 주관적 술어를 기자의 의견을 밝히는 칼럼에만 사용할 수 있도록 엄격히 제한하고 있으며, 일반 기사의 경우 직접 인용구에 사용할 수 있는 술어에 대해 엄격하게 제한하고 있다(Brooks et al., 2002). 이에 따르면, 직접 인용구의 서술어를 사용할 때는 '말했다said'와 '덧붙였다added' 등은 가장 좋은 서술어이기 때문에 중복해서 사용해도 좋다고 설명한다. 또한, '주장했다claimed', '강조했다emphasized', '요구했다demanded', '의견을 제시했다opined', '희망했다hoped', '열변을 토했다harangued' 등도 모두 단순히 '말했다said'와는 다른 인상을 독자에게 줄 수 있는 만큼 사용을 피하도록 권하고 있다(Brooks et al., 2002).

한편, 이번 조사 결과 국내 신문사별로도 인용구의 주관적 술어 사용 수에서 유의미한 차이를 보였다. 주관적 술어를 가장 적게 사용하는 신문사는 조선일보(.82개)였으며 가장 많은 언론사는 한국일보(1.76개), 국민일보(1.71개), 한겨레(1.68개) 등이었다. 한국일보의 경우 한 기사에 최다 12개의 주관적 술어를 사용했다(〈표 4-26〉 참조).

〈표 4-26〉 국내 일간지 인용구의 주관적 술어 사용 수

	기사당	최소	최다
경향신문	1.09	0	7
국민일보	1.71	0	7
동아일보	1.48	0	6
문화일보	1.20	0	9
서울신문	1.31	0	10
세계일보	1.57	0	7
조선일보	.82	0	5
중앙일보	1.35	0	8
한겨레	1.68	0	7
한국일보	1.76	0	12
전체	1.40	0	12

2) 익명 취재원의 부정적 인용구

- 서울시교육청 관계자는 "그런 논리라면 지방자치제를 하지 말자는 것과 다름없다"며 "정부가 법으로 누리과정 예산을 의무지출경비로 못 박은 것도 교육감의 예산·편성권을 막은 것이라고 반박했다.(한국일보, 2016년 1월 6일자)
- 한 면세점 관계자는 "불과 5개월 만에 면세점 수를 확대할 것인

데도 기존 면세점들을 탈락시켜 혼란이 커졌다"면서 "특허권을 쥔 정부가 권한을 계속 유지하려 하면서 정치적인 고려를 하는 바람에 벌어진 일"이라고 비판했다.(동아일보, 2016년 4월 30일자)

- 대형 로펌 관계자는 "김 위원장 시절 정부 경제 정책에 발맞춰 무리하게 조사한 사건들이 요즘 법원에서 계속 뒤집히고 있다"고 말했다.(국민일보, 2016년 7월 7일자)

이 사례들은 기자가 익명의 취재원이 특정 대상을 비판하거나 비난한 내용을 직접 인용한 것이다. 일반적으로 기자들은 취재원을 보호하기 위해 익명의 취재원을 사용한다고 말한다. 그러나 '익명으로 된 부정적 내용의 직접 인용구의 사용'도 한국 저널리즘의 문제로 지적된다.

그 이유는 한국의 익명 취재원을 사용한 기사 대부분이 기자가 취재 대상을 비판하거나 부정적으로 보도하는 기사를 작성하기 위해 '익명으로 된 부정적 내용의 직접 인용구'를 이용하기 때문이다. 부정적 내용을 써야 할 때, 기자들은 자신의 의견이 아닌 객관적인 제삼자를 등장시키고 그의 발언을 통해 부정적 내용을 말하도록 한다는 의심을 받아왔다. 다시 말해, "익명으로 된 부정적 내용의 직접 인용구"의 사용은 기자 자신의 의견을 취재원의 발언에 담은 것에 불과하다는 비판이다(남재일, 2006; 박대민, 2015).

실제 저널리즘 학계에서는 익명을 이용해 특정 대상에 대해 부정적으로 보도하는 것은 기자의 주관을 반영하거나 독자들의 신뢰에 부정적 영향을 미칠 수 있다는 이유에서 엄격하게 금지하고 있다. 미국의 뉴욕타임스도 보도 준칙을 통해 "개인적 견해나 의견, 상대방을 공격하는 내용은 익명으로 보도할 수 없다"고 정해 놓았다. 아울러 직접 인용을 통해 다른 사람을 비판하거나, 혹은 타인에 대한 의견을 쓸 경우에는 해당 당사자의 해명 혹은 반응을 함께 쓰도록 하고 있다(Brooks et al., 2002). 그럼에도 불구하고 국내 신문들을 대상으로 수행된 선행연구에 따르면 익명으로 된 부정적 내용의 인용구가 빈번하게 사용되는 것으로 조사됐다(박재영·이완수, 2007).

이번 조사 결과에서도 크게 다르지 않았다. 국내 신문의 경우 익명의 부정적 인용구 사용이 기사당 평균 .32회에 이르렀고, 최다 10개의 부정적 인용구를 사용했을 정도였다. 한국의 이러한 관행은 국제적 기준에서 볼 때 크게 뒤쳐진 것이다. 즉, 뉴욕타임스의 경우 익명의 부정적 인용구를 가진 기사가 단 한 건도 없었으며, 더 타임스와 아사히 신문도 각각 기사당 평균 .15회와 .10회로 .32회인 국내 신문의 절반 이하에 머물렀다(〈표 4-27〉 참조). 이러한 차이는 해외에서는 익명으로 된 부정적 내용의 직접 인용을 엄격히 제한하고 있기 때문으로 보인다.

한편 국내 신문사별로는 익명의 부정적 인용구 사용에서 유의미한 차이가 없었다. 다만, 경향신문의 경우 익명으로 된 부정적 내용의 직접 인용구가 10건에 이르는 기사도 있었다(〈표 4-28〉 참조).

3) 무주체 피동형 문장의 빈도

무주체 수동태 문장이란 국내 기사에서 자주 등장하는 "~로 알려졌다/전해졌다"로 끝나는 문장을 말한다. 이러한 문장의 특징은 말한 주체를 알기 어려워 사실 확인이 어렵다. 그러나 국내에서는 무주체

〈표 4-27〉 국가별 익명으로 된 부정적 내용의 직접 인용구 수

	기사당	최소	최다
국내 일간지	.32	0	10
뉴욕타임스	0	0	0
더 타임스	.15	0	3
아사히신문	.10	0	6

〈표 4-28〉 국내 일간지의 익명으로 된 부정적 내용의 직접 인용구 수

	기사당	최소	최다
경향신문	.30	0	10
국민일보	.56	0	7
동아일보	.31	0	9
문화일보	.20	0	4
서울신문	.30	0	8
세계일보	.21	0	6
조선일보	.40	0	9
중앙일보	.27	0	6
한겨레	.34	0	9
한국일보	.32	0	4
전체	.32	0	10

수동태 문장을 기사에서 어렵지 않게 찾아볼 수 있다. 다음의 기사를 보자.

- 현대차그룹, LG그룹도 서명 동참을 검토하고 있어 서명운동은 재계로 빠르게 확산될 것으로 전망된다.(동아일보, 2016년 1월 21일자)
- 쿠바 방문을 마친 윤 장관은 이달 내에 러시아를 방문할 것으로 6일 전해졌다. 윤 장관의 방러는 취임 이후 처음으로 세르게이 라브로프 러시아 외교부 장관과 회담을 갖는 등 대북 압박 외교를 이어갈 것으로 전망된다.(국민일보, 2016년 6월 7일자)
- 그러나 '과거 문제'에는 전력을 쏟아 싸우면서 정작 노동개혁과 경제활성화법 등 '오늘의 문제'에는 손을 놓고 있다는 지적이 나온다.(조선일보, 2016년 1월 21일자)

현장에서는 무주체 수동형 문장이 다양한 목적에서 사용된다. 구체적으로 앞의 사례 중 국민일보 기사의 첫 번째 문장 "쿠바 방문을 마친 윤 장관은 이달 내에 러시아를 방문할 것으로 6일 전해졌다."의 경우 취재원을 숨기기 위해 의도적으로 무주체 피동형 문장을 사용한 것으로 보인다면, 동아일보 기사에 사용된 무주체 피동형 문장인 "서명운동이 재계로 빠르게 확산될 것으로 전망된다."는 재계 누군가의 의견을 재계 전반의 의견인 것처럼 일반화하거나, 혹은 기자 개인의 주관적 견해를 일반화한 문장으로 보인다.

실제, 국내 학자들은 그동안 한국 언론에서 무주체 피동형 문장을 즐겨 사용하는 이유에 대해 ① 취재원이 누구인지 밝히기 곤란하거나, ② 특정 내용을 과도하게 일반화하고 싶을 때, 그리고 ③ 기자 개인의 의견을 객관화할 때 등에 주로 사용하는 것으로 지적했다. 다시 말해, 무주체 피동형 문장은 투명하지 못하다는 점에서도 문제이나, 정확성이 부족하고 다른 사람의 의견인 것처럼 하면서 기자 자신의 생각을 포함시킬 수 있다는 점에서 문제로 지적되어왔다(박재영·이완수, 2010; 이완수·박재영, 2013).

그럼에도 불구하고 연구 결과 국내 언론사들은 여전히 무주체 피동형 표현을 즐겨 사용하는 것으로 나타났다. 구체적으로 국내 신문사는 기사 1건당 평균적으로 약 1.19개의 무주체 피동형 표현을 사용한 것으로 조사됐다. 이에 비해 뉴욕타임스와 더 타임스는 각각 0건이었으며, 일본의 아사히신문은 0.82건에 불과했다.(〈표 4-29〉 참조) 선행연구에서 무주체 피동형 문장이 사용된 빈도는 조금씩 다르게 나타났다. 2007년의 한 조사에서는 기사 1건당 평균 0.16건(동아일보 0.34건, 조선일보 0.19건, 한겨레 0.01건)이 사용된 것으로 나타났다(박재영·이완수, 2007). 또한 2001년부터 2009년까지 10년 동안의 방송 뉴스를 대상으로 한 연구에서는 KBS가 0.40개, MBC가 0.73개, SBS가 0.46개 등으로 평균적으로는 약 0.53개에 이르는 것으로 나타난 바 있다(이완수·박재영, 2013).

한편, 국내 신문사별로는 유의한 차이를 보였다. 구체적으로, 무주체 피동형 서술어를 가장 적게 사용한 언론사는 중앙일보(평균 .38개)였으며 가장 많이 사용한 언론사는 경향신문(1.64개) 국민일보(1.60개) 문화

〈표 4-29〉 국가별 무주체 피동형 문장 수

	기사당	최소	최다
국내 일간지	1.19	0	8
뉴욕타임스	0	0	0
더 타임스	0	0	0
아사히신문	.82	0	5

일보(1.45개) 세계일보(1.43개) 한국일보(1.07개) 순이었다. 특히 국민일보와 조선일보, 동아일보의 경우 무주체 피동형 문장이 최다 8개에 이르는 기사도 있었다(〈표 4-30〉 참조).

〈표 4-30〉 국내 일간지의 무주체 피동형 문장 수

	기사당	최소	최다
경향신문	1.64	0	6
국민일보	1.60	0	8
동아일보	1.42	0	8
문화일보	1.45	0	5
서울신문	1.01	0	6
세계일보	1.43	0	7
조선일보	.97	0	8
중앙일보	.38	0	3
한겨레	.92	0	6
한국일보	1.07	0	5
전체	1.19	0	8

예를 들어, 국민일보(2016년 2월 26일자) 1면에 "'의심' 북 항공기 선박 못 다닌다"는 제목으로 실린 기사는 AFP통신, 그리고 워싱턴 포스트 등의 소식통을 주된 취재원으로 사용했다. 해당 기사는 총 1,248자로 작성됐는데, 총 8번에 걸쳐 "알려졌다, 전해졌다, 알려졌다, 전해졌다, 알려졌다, 금지됐다, 전망된다"는 등의 무주체 수동형 문장을 사용했다.

4) 제목의 직접 인용구 사용 빈도

- 국민의당, “야권통합 안 한다”
- 박 대통령, “북 정권 핵 망상 버려라”
- 롬니, 매케인 “트럼프는 사기꾼”

2016년 3월 5일자 조선일보 1면에는 모두 4건의 기사가 실렸다. 이 가운데 3건의 기사는 앞서와 같은 직접 인용을 이용해 제목을 제시했다. 같은 신문의 4월 30일자도 마찬가지다. 총 4건의 기사 중 3건의 제목에는 직접 인용이 사용됐고, 나머지 1건의 기사에는 간접 인용구가 사용됐다. 신문의 제목에서 직접 인용구의 사용이 많은 것은 다른 신문의 사정도 크게 다르지 않다. 문화일보 2016년 6월 22일자에는 모두 4건의 기사가 실렸는데, 4건의 기사 모두 직접 인용구를 사용해 제목을 달았다.

이처럼, 국내 언론에서 갈수록 심각해지는 관행 중 하나가 제목의 직접 인용구 사용이다. 본 조사 결과 국내 신문의 1면 기사 중 직접 인용구로 제목을 단 기사의 비중은 약 10건 중 6건에 이르렀다. 이와는 달리, 해외 유력 신문들은 제목에서 직접 인용구를 거의 사용하지 않는다. 이번 조사에서도 더 타임스의 경우 단 한 건의 기사도 제목에 직접 인용구를 사용하지 않았으며, 뉴욕타임스도 전체 기사 중 2.8%, 즉 단 한 건의 기사만이 제목에 직접 인용구를 사용했다(〈표 4-31〉 참조). 해당 기사의 제목은 “Don’t Shoot Him; Wife’s Pleas to Charlotte Police”이다. 이 기사는 뉴욕타임스의 2016년 9월 24일자에 실렸으며,

〈표 4-31〉 국가별 제목의 직접 인용구 유무 비율

(단위: %)

	직접 인용구 있음	직접 인용구 없음
국내 일간지	59.1	40.9
뉴욕타임스	2.8	97.2
더 타임스	0.0	100.0
아사히신문	13.9	86.1

인용구는 경찰의 오해로 인해 경찰의 총에 남편이 사망하는 현장을 지켜봤던 아내와 경찰의 대화가 그녀의 휴대전화에 녹음됐는데, 이를 인용해 보도한 것이다. 여기서 아내의 발언은 경찰의 부주의 여부를 판단할 수 있어 핵심적이라 할 만한다.

이에 비해 국내 신문사의 경우, 제목에 직접 인용구를 사용하는 빈도가 다른 국가의 언론사에 비해 크게 높은 것으로 나타났다. 즉, 2006년 5·31 지방선거를 배경으로 조선일보, 중앙일보, 동아일보, 한겨레 등의 선거 관련 기사를 조사한 연구에 따르면, 제목 중에 직접 인용 부호를 사용한 기사는 조선일보 35%, 중앙일보 34%, 동아일보 34%, 한겨레 23%였다(이준웅·양승목·김규찬·송현주, 2007). 이번 조사 결과에서의 59%에 비해 크게 낮은 수치다.

한국 언론에서 유독 제목에 직접 인용구를 많이 사용하는 이유가 무엇이며, 왜 문제일까? 우선, 학계에서는 직접 인용이 언론사에서 강조하고 싶은 부분을 특정한다는 점에서 문제로 삼고 있다. 이준웅 등(2007)은 제목의 직접 인용구 사용에 대해 "선정적으로 포장하거나 기사의 내용을 주관적으로 윤색"(p. 68)하기 위한 것이라고 밝힌 바 있다. 둘째, 직접 인용은 기사에 있는 수많은 내용 중 하나의 정보에 불과한 내용을 제목으로 사용할 경우, 기사 전반의 내용을 오도할 수 있기 때문이다(이준웅 외, 2007). 다시 말해, 제목은 독자가 기사의 내용을 해석하는 데 영향을 미치는 틀짓기 효과a framing effect를 발생시킬 수 있는 만큼, 기사의 전반적인 내용을 잘 반영할 수 있는 내용이어야 한다는 설명이다(이준웅 외, 2007).

셋째, 직접 인용구를 이용해 제목을 제시하는 언론계의 관행이 문제가 되는 이유는 기사 본문의 내용과 정확하게 일치하지 않는 내용으로 제목을 제시한 기사가 적지 않기 때문이다. 앞서 인용한 이준웅과 동료들의 연구(2007)에 따르면 연구 대상 중 직접 인용구를 이용한 제목이 전체의 60%에 이르렀다. 즉, 기사에 사용된 직접 인용의 내용을 편집자가 마음대로 요약하거나 일부를 추출해 사용하고, 심지어 아예 본문에 없는 '작문형' 제목을 사용한 경우도 4.5%(전체 448건 중 20건)에 이르렀다. 또한 이 연구에서는 흥미로운 결과를 제시했는데, 이는 제목의 본문 관련성이었다. 즉, 직접 인용된 문구로 제목을 사용한 기사의 약 21%는 사소한 관련성을 갖는 내용으로 제목을 뽑았다.

한편, 국내 신문별로도 제목의 직접 인용구 사용에서 유의한 차이를 보였다. 직접 인용구를 많이 사용한 신문사는 중앙일보(68.3%), 서울신문(67.6%), 문화일보(66.7%), 한국일보(65.3%), 조선일보(63.9%) 등의 순서였다. 직접 인용구의 사용이 적은 신문사는 경향신문(44.3%), 국민일보(47.2%) 등이었다(〈표 4-32〉 참조).

〈표 4-32〉 국내 일간지의 제목의 직접 인용구 유무 비율

(단위: %)

	직접 인용구 있음	직접 인용구 없음
경향신문	44.3	55.7
국민일보	47.2	52.8
동아일보	53.5	46.5
문화일보	66.7	33.3
서울신문	67.6	32.4
세계일보	52.8	47.2
조선일보	63.9	36.1
중앙일보	68.3	31.7
한겨레	63.4	36.6
한국일보	65.3	34.7
전체	59.1	40.9

5. 정보의 독창성

기사가 지닌 정보의 질은 독창성으로도 평가할 수 있다. 독창성은 기사의 주도권initiative이 기자에게 있는지, 혹은 기자는 수동적인 전달자에 불과한지를 평가하는 항목이다.

이제까지 기사의 독창성은 크게 두 가지 방식으로 평가됐다. 첫째는 특정 언론사만이 해당 기사를 보도하는 단독(혹은 특종) 기사인지의 여부이다. 구체적으로 단독은 "다른 언론사 기사에 없는 정보를 한 언론사가 독점하고 있는 것"(이건호, 2009, p. 110)이며 이 독창성은 특종이라는 이름으로 대표된다. 둘째는 기자의 아이디어가 기사에 얼마나 포

함됐는가에 따른 평가다. 맥마너스McManus가 미국 샌프란시스코 지역의 뉴스 품질을 평가하기 위해 만든 '그레이드더뉴스www.gradethenews.org'에서는 뉴스 가치, 맥락, 설명 정도, 지역 관련성, 시민에의 기여, 기획성, 공정성 등과 같은 일곱 가지 기준을 제시하고 있으며, 이 가운데 기획성이 독창성이다. 연구자는 기획성enterprise이란 기자들이 얼마나 수동적으로 보도 자료에 의존하는가(혹은 이미 발생한 사건의 보도에만 매달리는가)와 능동적으로 사회의 문제 해결을 위해 나서는가라고 정의했다. 즉, 발생 사건 혹은 취재원이 발표한 보도 자료에 근거한 기사에 비해, 기획기사의 경우 기자의 독특한 생각이 반영됐을 가능성이 높다. 이러한 기준에 따라 이건호와 정완규(2008)는 기사의 독창성을 공개 정보, 재가공 정보, 단독 입수, 단독 개발 등으로 나누었다. 이러한 선행 연구를 토대로 이 연구에서는 기사를 공개된 정보, 재가공 정보, 그리고 단독 정보 등으로 구분해서 분석했다.

단독 보도 여부

연구 결과 국내 일간지의 경우 1면에 실린 기사의 약 43%가 공개된 정보였으나, 뉴욕타임스는 2.8%, 더 타임스는 1.9%에 불과했다. 즉, 이들 언론은 공개된 정보를 단순히 전달하는 경우는 거의 없다는 것을 의미한다. 그러나 일본의 아사히신문은 공개된 정보가 약 64%에 이르렀다(〈표 4-33〉 참조).

다음 기사는 북한 국적인의 일본 방문을 금지한다는 일본 정부의 발표(공개된 정보)를 재가공 없이 그대로 전달한 기사다.

〈표 4-33〉 국가별 정보의 독창성 비율

(단위: %)

	공개된 정보	재가공 정보	단독 정보
국내 일간지	42.5	46.0	11.5
뉴욕타임스	2.8	12.5	84.7
더 타임스	1.9	3.7	94.4
아사히신문	63.9	25.0	11.1

앞으로 북한 국적인 사람은 공무원이건 민간인이건 일본 땅에 발을 딛는 게 원칙적으로 금지된다. 조총련 등 일본 내 북한 기관에 근무하는 사람이나 그런 사람을 보좌하는 사람이 북한에 들어갔다가 일본에 다시 입국하는 것도 마찬가지로 허용되지 않는다. 인도적인 목적으로 10만 엔 이하를 송금하는 것은 괜찮지만, 그보다 큰돈을 북한에 부치는 것 역시 금지된다. 또 북한에 기항했던 제삼국 선박이 일본 항구에 들어오는 것도 불가능해진다.

일본이 10일 이 같은 내용의 독자적 대북 제재를 결정했다. 북한이 4차 핵실험에 이어 장거리 미사일 발사까지 강행한 데 대해 유엔안보리 제재 결의를 기다리지 않고 일본이 먼저 나서서 북한의 숨통을 옥죄겠다는 행보다. 아베 신조(安倍晋三) 총리는 "국가안전보장회의(NSC)에서 단호한 대북 제재 조치를 결정했다"며 "납치 문제, 북한 핵·미사일 문제 해결을 위해 국제사회와 더욱 긴밀히 연대해 나가겠다"고 했다.

일본 정부 대변인인 스가 요시히데(菅義偉) 관방장관은 "북한의 미사일 발사는 일본 안전에 대한 직접적이고 중대한 위협"이라며 "북한의 대응과 국제사회의 움직임에 근거해 필요에 따라 추가 조치를 검토하겠다"고 했다.(조선일보, 2016년 2월 11일자)

이에 비해 공개된 정보를 해당 기자가 재가공한 기사는 다음과 같다. 동아일보의 10월 15일자 기사는 송민순 전 외교통상부 장관이 발간한 회고록(공개된 정보)의 내용과 이에 따른 파장을 쓰면서 이에 관련된 인물의 발언을 포함하는 등으로 정보의 가치를 높인 것이다.

> 노무현 전 대통령이 2007년 유엔의 북한 인권결의안에 대해 북한 의견을 직접 확인한 뒤 기권을 결정하는 과정에서 "(북한에) 묻지는 말았어야 했는데…"라고 말했다는 증언이 나왔다. 노무현 정부가 유엔 표결에 앞서 남북 채널을 통해 표결 찬성에 반대한다는 북한의 반응을 확인한 직후였다.
>
> 노무현 정부에서 북핵 6자회담 수석대표와 대통령통일외교안보정책실장을 지낸 송민순 전 외교통상부 장관(북한대학원대 총장)이 최근 발간한 회고록 '빙하는 움직인다'에서 노 전 대통령은 이같이 말한 것으로 나타났다. 송 전 장관은 "대통령도 기분이 착잡한 것 같았다"고 썼다.
>
> 회고록에 따르면 송 전 장관은 유엔 표결 하루 전인 2007년 11월 20일 저녁 '아세안+3' 정상회의 참석차 싱가포르를 방문 중인 노 전 대통령의 숙소에서 이 같은 이야기를 들었다. 당시 노 전 대통령은 "북한한테 물어볼 것도 없이 찬성투표하고, 송 장관한테는 바로 사표를 받을까 하는 생각도 얼핏 들었는데…"라고도 했다. 유엔 표결에서는 찬성해 국제사회에서 한국의 체면을 살리고, 직후 외교부 장관을 해임해 북한의 체면도 살리는 고육지계를 검토했다는 얘기다. 그러나 노 전 대통령은 "(북한에) 이렇게 물어까지 봤으니 그냥 기권으로 갑시다"라며 "사표 낼 생각은 하지 마세요"라고 했다고 송 전 장관은 밝혔다.
>
> 회고록에 따르면 당시 북한은 "역사적인 북남(남북) 정상회담을 한 뒤에 반(反)공화국(북한) 세력의 인권결의안에 찬성하는 것은 정당화될 수 없다"라는 메시지를 보냈다.

이에 대해 당시 대통령비서실장으로서 김만복 전 국가정보원장의 제안에 따라 '남북 경로로 확인하자'고 결론 내린 것으로 회고록에 기술된 문재인 전 대표 측은 14일 "역사적 정상회담을 통해 남북 관계를 획기적으로 개선시키고 국익에 도움이 되는 결과물을 구체화해 가기 위해 남북 간에 활발한 대화가 이루어지고 있던 시점에서 논의된 것"이라고 설명했다. 그러나 북한에 의견을 물었는지에 대해서는 시인도 부인도 하지 않았다. 새누리당은 이날 저녁 긴급 비공개 최고위원회의를 열어 "국기(國基) 문란 성격의 사건"이라고 주장하고 사실 관계를 파악하기 위한 태스크포스를 구성하기로 했다.(동아일보, 2016년 10월 15일자)

단독 정보는 다음에 제시한 기사와 같이 보통 '본보의 취재 결과' 등의 표현을 포함하고 있다. 다음은 경향신문에서 단독으로 보도한 내용이다.

박민권 전 문화체육관광부 차관(58)이 '2015 밀라노엑스포' 준비 과정에서 "총감독인 차은택 감독(47, 사진)에 대한 험담을 하고 다닌다"면서 민간업체 대표에게 "차 감독에게 직접 사과하라"고 요구했고, 당일 밤 사과가 이뤄진 것으로 확인됐다. 국제행사를 총괄하는 문체부 고위 관계자가 직접 나서 사과를 종용할 만큼 차씨의 위세가 컸음을 보여준다.

14일 경향신문 취재 결과 2014년말 문체부 관광체육레저실장(1급)으로 밀라노엑스포 총책임자였던 박 전 차관은 서울 서초동의 이벤트 전문업체 ㄱ사 대표 이 모 씨를 불러 "'차 감독과 연관된 업체가 아니면 밀라노엑스포 문화행사에 참여할 수 없다'는 소문을 내고 다닌 것으로 안다"면서 "차 감독에게 직접 사과하라"고 말했다.

이에 이 씨는 그날 밤늦게 서울 논현동의 차 감독 사무실을 찾아가 "물의를 일으켜 죄송하다"는 취지로 사과했다. 광고업계 관계자는 "당시에도 차 감독이 막강한 힘을 행사한다는 얘기가 파다했다"면서 "ㄱ사는 '억울하지만 눈치를 안 볼 수가 없다'며 차 감독에게 직접 사과한 것으로 안다"고 말했다.

당시 ㄱ사는 밀라노엑스포의 문화행사·홍보 분야 참여를 준비하고 있었지만 최종 선정되지는 않았다. 박 전 차관은 경향신문과의 통화에서 "문체부가 차 감독과 한 배를 탄 상황에서 차 감독이 흔들리면 밀라노 프로젝트 전체가 의혹에 휩싸이는 상황이었다"면서 "(ㄱ사 대표 이씨가 퍼뜨린 내용은) 명예훼손과 공무집행방해에 해당하는 중대한 사안이었지만 사과하는 수준에서 마무리된 것"이라고 말했다.

차 감독이 '밀라노 두오모 대성당 드론 충돌 사건'과 직간접적으로 연관되어 있다는 주장도 나온다. 밀라노엑스포 행사 기간 중인 지난해 6월 한국인 3명이 이탈리아 밀라노 대성당 '두오모' 근처에서 현지 허가 없이 카메라가 장착된 드론(무인기)을 띄웠다가 현지 경찰에 체포되어 국제적 망신을 샀다. 이 사건은 행사에 참여한 CJ 측이 자사 홍보영상을 촬영하려다 벌어진 일로 알려져 있다. 하지만 밀라노엑스포에 참여했던 복수의 관계자들은 "밀라노엑스포 한국관 참여업체들은 차 감독 결재 없이는 도우미 한 명도 바꿀 수 없었다"면서 "차 감독이(드론 촬영을) 결재까지는 아니더라도 미리 보고받고 의견을 교환했을 것"이라고 주장했다.

이에 대해 차 감독은 "나도 당시 현지 언론의 기사를 보고 알았고 전시담당이어서 내가 관여할 부분도 아니었다. (드론 충돌 건으로) 밀라노엑스포 행사에 힘쓴 수많은 사람들의 노력이 퇴색되어 너무 화가 났다"고 반박했다. CJ 측도 "당시 촬영감독의 개인적 판단이었을 뿐 차 감독과는 무관하다"고 밝혔다.(경향신문, 2016년 10월 15일자)

한편, 국내 신문사별로도 1면에 실린 공개된 정보, 재가공 정보, 단독 정보 등의 수에서 유의미한 차이를 보였다. 공개된 정보가 가장 많은 언론사는 문화일보였으며, 10건 중 6건 이상이었다. 그다음은 중앙일보(55.6%) 한겨레(52.1%) 등의 순서였다. 재가공 정보를 가장 많이 게재한 언론사는 국민일보(68.1%)였으며, 다음은 동아일보(59.2%), 경향신문(57.1%) 등이었다. 한편 단독 정보의 게재 비중이 가장 높은 언론사는 한겨레로 19.7%였으며 다음은 중앙일보(14.3%)와 경향신문(14.3%)이었다. 단독 정보의 게재 비중이 가장 낮은 언론사는 문화일보(3.3%), 국민일보(8.3%)였다(〈표 4-34〉 참조).

〈표 4-34〉 국내 일간지의 정보의 독창성 비율

(단위: %)

	공개된 정보	재가공 정보	단독 정보
경향신문	28.6	57.1	14.3
국민일보	23.6	68.1	8.3
동아일보	31.0	59.2	9.9
문화일보	61.7	35.0	3.3
서울신문	43.7	47.9	8.5
세계일보	47.2	43.1	9.7
조선일보	47.2	38.9	13.9
중앙일보	55.6	30.2	14.3
한겨레	52.1	28.2	19.7
한국일보	38.9	48.6	12.5
전체	42.5	46.0	11.5

6. PEJ 지수를 통해 평가한 한국 신문 기사의 품질

1) 퀄리티 저널리즘 지수

1장에서 소개한 PEJ의 보도 지수는 「뉴스매체 연차보고서」 2005년판에 포함된 이후 한국언론진흥재단이 추진한 여러 번의 연구에 적용됐다. 첫 연구는 2006년 한국언론진흥재단이 한국의 저널리즘과 뉴스 미디어의 수준을 세계적 스탠더드로 높이기 위해 구성했던 '2020 미디어위원회'에서 나왔다. 이 연구는 첫 시도였던 만큼 조사의 폭을 좁혀서, 2006년 1월~10월 5개 일간지(경향신문, 동아일보, 조선일보, 중앙일보, 한겨레)의 1면 머리기사를 샘플링해 분석했다(박재영, 2006). 두 번째 연구는 그 이듬해에 조사 대상 매체와 샘플링 기간을 늘려, 1990년~2007년 10개 일간지(경향신문, 국민일보, 동아일보, 문화일보, 서울신문, 세계일보, 조선일보, 중앙일보, 한겨레, 한국일보)의 1면 전체 기사를 분석했다(박재영·이완수, 2007). 이 두 연구는 신문 기사만 분석했고, 그것도 전국 일간지만 분석했다는 한계를 지니고 있다. 세 번째 연구는 이를 반영해 전국 일간지와 지역 일간지, 그리고 지상파 방송사의 뉴스를 모두 분석했다. 샘플링 기간은 2003년 2월~2005년 6월과 2008년 2월~2010년 6월이었으며 6개 전국 일간지(경향신문, 동아일보, 조선일보, 중앙일보, 한겨레, 한국일보)와 7개 지역 일간지(경인일보, 강원일보, 대전일보, 부산일보, 매일신문, 전남일보, 전북일보)의 1면 전체 기사 및 3개 방송사(KBS, MBC, SBS) 저녁종합뉴스의 첫 4개 뉴스 리포트를 분석했다(박재영·이완수, 2010).

지금까지 수행됐던 국내 연구 3건은, 뒤에 설명하듯이, 상당히 일관적인 결과를 보여주었다. 이는 미국에서 개발된 이 지수가 한국의 언론에도 비교적 안정적으로 적용될 수 있음을 알려준다. 선행연구에서 아쉬웠던 한 가지는 국제 비교였다. 물론 선행연구들은 자기의 분석 결과를 PEJ의 미국 기사 분석 결과와 비교하면서 설명했지만, 이 둘의 기사 샘플링 기간은 서로 다르기 때문에 간접적인 비교일 수밖에 없었다. 이번 연구는 선행연구의 이런 한계점을 보완하고자 미국, 영국, 일본의 신문을 분석에 포함해 처음으로 국제 비교를 시도했다.

PEJ의 보도 지수는 ① 투명 취재원 4개 이상, ② 이해 당사자 4개 이상, ③ 복합적 관점 제시라는 세 가지 조건을 모두 충족하는 기사를 고급기사로 간주한다. 이 연구는 이 기준을 그대로 차용하되, 그런 기사를 '좋은 기사'로 명명했다. 다음은 이들 요소의 의미를 설명하고 분석 결과를 덧붙인 내용이다.

2) 본 연구의 퀄리티 기사의 비율: 국내 일간지와 해외 유력지 비교

좋은 기사의 비율은 뉴욕타임스가 55.6%로 가장 높았으며, 그다음은 더 타임스(31.5%), 아사히신문(9.7%), 국내 일간지(7.5%)였다(〈표 4-35〉, [그림 4-7] 참조). 뉴욕타임스의 이 비율은 국내 일간지의 7.4배

〈표 4-35〉 국가별 좋은 저널리즘 지수에 의한 좋은 기사 비율

	좋은 기사 비율(%)	좋은 기사 수	총 기사 수
국내 일간지	7.5	52	694
뉴욕타임스	55.6	40	72
더 타임스	31.5	17	54
아사히신문	9.7	7	72

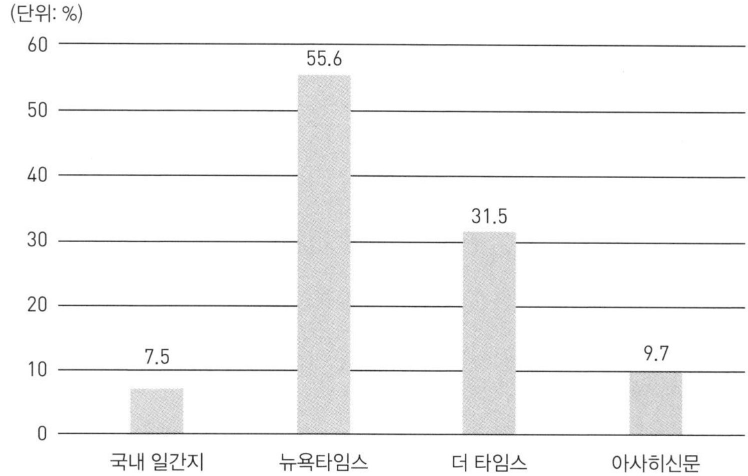

[그림 4-7] 국가별 좋은 저널리즘 지수에 의한 좋은 기사 비율

다. 뉴욕타임스 기사의 절반은 투명 취재원이 4개 이상이고, 이해 당사자가 4개 이상이며, 복합적 관점으로 된 기사인 반면에, 국내 일간지의 경우 그런 기사가 10개 중 1개도 채 되지 않는다는 것이다.

3) 역대 연구들의 퀄리티 기사의 비율

좋은 기사의 비율은 국내 선행연구뿐 아니라 미국 PEJ의 연구에도 있어서 함께 비교해보았다(〈표 4-36〉, [그림 4-8] 참조). 국내 신문에 대한 연구(①, ②, ③)는 좋은 기사의 비율이 10%보다 조금 낮거나 높은 수준에서 유지되고 있음을 보여준다. 반면에 미국과 영국의 신문들은 30% 이상이며, 특히 미국의 4개 대형 신문(⑦)과 그중에서도 대표 신문인 뉴욕타임스(⑧)는 50%가 넘는다.

〈표 4-36〉 국가별 보도 연도에 따른 좋은 기사 비율

분석 기사	좋은 기사 비율(%)	보도 연도
① 국내 10개 일간지 1면 전체	8.1	1990~2007년
② 국내 5개 일간지 1면 머리기사*	11.1	2006년
③ 국내 10개 일간지 1면 기사 3개	7.5	2016년(본 연구)
④ 아사히신문 1면 기사 3개	9.7	2016년(본 연구)
⑤ 더 타임스 1면 기사 3개	31.5	2016년(본 연구)
⑥ 미국 16개 신문 1면 전체	33.0	2005년
⑦ 미국 4개 대형 신문 1면 전체**	52.0	2005년
⑧ 뉴욕타임스 1면 기사 3개	55.6	2016년(본 연구)

* 경향신문, 동아일보, 조선일보, 중앙일보, 한겨레
** 뉴욕타임스, 워싱턴포스트, LA타임스, USA 투데이

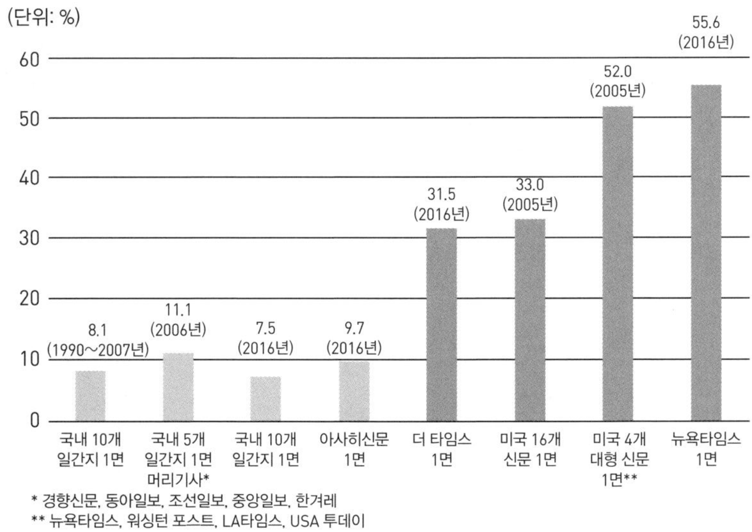

[그림 4-8] 국가별 보도 연도에 따른 좋은 기사 비율

4) 본 연구의 퀄리티 기사의 비율: 국내 일간지 비교

국내 일간지별로 좋은 기사의 비율을 보면, 한겨레(12.7%)와 경향신문(11.4%)가 10% 이상을 나타냈으며 조선일보(4.2%), 한국일보(4.2%), 중앙일보(4.8%)는 5%에 못 미쳤다(〈표 4-37〉, [그림 4-9] 참조).

〈표 4-37〉 국내 일간지의 좋은 기사 비율

	좋은 기사 비율(%)	좋은 기사 수	총 기사 수
경향신문	11.4	8	70
국민일보	5.6	4	72
동아일보	7.0	5	71
문화일보	8.3	5	60
서울신문	7.0	5	71
세계일보	9.7	7	72
조선일보	4.2	3	72
중앙일보	4.8	3	63
한겨레	12.7	9	71
한국일보	4.2	3	72
전체	7.5	5.2	69.4

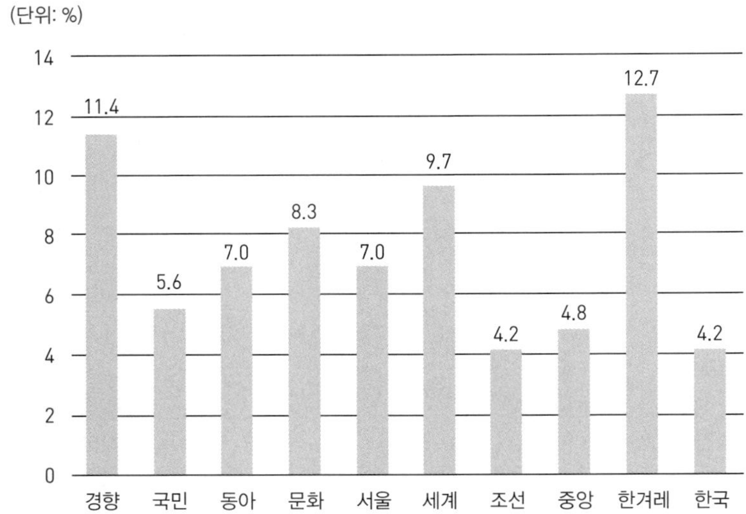

[그림 4-9] 국내 일간지의 좋은 기사 비율

참고문헌

남재일(2006). 한국 언론윤리 현황과 과제. 서울: 한국언론진흥재단.

남재일·이강형(2017). 좋은 저널리즘'의 구성 요소에 대한 기자 인식 변화 추이. 언론과학연구, 17(2), 82-128.

박재영(2004). 신문 지면의 구성요소. 서울: 미디어연구소.

______(2006). 뉴스 평가지수 개발을 위한 신문 1면 머리기사 분석. 2020 미디어위원회 실행위원회 편. 한국의 뉴스미디어 2006: 한국 저널리즘과 뉴스미디어에 대한 연차보고서(pp. 147-220). 서울: 한국언론진흥재단.

______(2007). 2007 뉴스평가지수 연구서. 서울: 한국언론진흥재단.

박재영·안수찬·박성호(2014). 대통령 선거보도의 기사 품질, 심층성, 공공성의 변화: 1992～2012년 국내 주요 신문의 경우. 방송문화연구, 26(2), 33-66.

박재영·이완수(2007). 한국 신문의 1면 기사: 뉴스평가지수를 적용한 신문별, 연도별 비교(1990～2007). 서울: 한국언론진흥재단.

윤영철·김경모·김지현(2015). 의견다양성을 통해 본 언론매체의 이념적 지형도: '경제민주화' 이슈 보도의 의견 분석을 중심으로. 방송통신연구, 89, 35-64.

이건호(2008). 한미 신문 기사의 심층성과 신뢰도 및 독창성 분석: 6개 한국 신문과 2개 미국 신문 1면 기사를 중심으로. 한국언론학보, 52(5), 107-129.

이건호·정완규(2008). 한국과 미국신문의 1면 기사 비교: 취재영역 및 보도형태별 취재원 출현에 따른 심층성 분석. 한국언론학보, 52(4):25-49.

이완수·박재영(2013). 방송뉴스의 언어와 표현: 뉴스언어의 객관성과 공정성을 중심으로. 방송과 커뮤니케이션, 14(1), 5-45.

이준웅·양승목·김규찬·송현주(2007). 기사 제목에 포함된 직접 인용부호 사용의 문제점과 원인. 한국언론학보, 51(3), 64-90.

이진영·박재영(2010). 한국 신문 보도의 다양성 연구. 한국언론학보, 54(3), 301-325.

Appelman, A., & Sundar, S. (2016) Measuring message credibility: Construction and validation of an exclusive scale. *Journalism & Mass Communication Quarterly, 93*(1), 59-79.

Barnhurst, K. G., & Mutz, D. (1997). American journalism and decline in event-centered reporting. *Journal of Communication. 47*(4), 27-52.

Berkowitz, D., & Beach, D. W. (1993). News sources and news context:

The effect of routine news, conflict and proximity. *Journalism Quarterly, 70*(1), 4-12.

Blankenburg, W. B. (1992, Winter/Spring). The utility of anonymous attribution. *Newspaper Research Journal,* 10-23.

Bogart, L. (2004). Reflections on content quality in newspapers. *Newspaper Research Journal, 25*(1), 40-53.

Brooks, B., Kennedy, G., Moen, D., & Ranly, D. (2002). *News reporting and writing* (7th ed.). New York: Bedford/St. Martin's.

Caple, H., & Bednarek, M. (2015). Rethinking news values: What a discursive approach can tell us about the construction of news discourse and news photography. *Journalism, 17*(4), 435-455.

D'Angelo, P. (2002). News framing as a multiparadigmatic research program: A response to Entman. *Journal of Communication, 52*, 870-888.

Fedler, F., Bender, J. R., Davenport, L., & Drager, M. W. (2005). *Reporting for the media*. New York: Oxford University.

Gaziano, C., & McGrath, K. (1986). Measuring the concept of credibility. *Journalism Quarterly, 63*(3), 451-462.

Glandly, G. A., Shapiro, I., & Castaldo, J. (2007). Online editors rate web news quality criteria. *Newspaper Research Journal, 28*(1), 55-69.

Harcup, T., & O'Neill, D. (2016). What is news?: News values revisited(again). *Journalism Studies, 18*(12), 1-19. Retrieved from http://dx.doi.org/10.1080/1461670X.2016.1150193

Heider, D., McCombs M., & Poindexter, P. M. (2005). What the public expects of local news: Public and traditional journalism. *Jouranlism*

& Mass Communication Quarterly, 82(4), 952-967.

Kunelius, R. (2006). Good journalism. *Journalism Studies, 7*(5), 671-690.

Lacy, S., & Rosenstiel, T. (2015). *Defining and measuring quality journalism*. Retrieved from Rutgers School of Communication and Information: http://mpii.rutgers.edu/wp-content/uploads/sites/129/2015/04/Defining-and-Measuring-Quality-Journalism.pdf

Martin-Kratzer, R., & Thorson, E. (2007). Use of anonymous sources declines in U. S. newspaper. *Newspaper Research Journal, 28*(2), 56-70.

Meijer, I. C., & Bijleveld, H. P. (2016). Valuable journalism: Measuring news quality from a user's perspective. *Journalism Studies, 17*(7) 827-839.

Merrill, J. C.(1968). The elite press: Great newspapers of the world. New York: Putnam.

Newhagen, J., & Nass, C. (1989). Differential criteria for evaluating credibility of newspapers and TV news. *Journalism Quarterly, 66*(2), 277-284.

Riffe, D., & Aust, C. F., & Lacy, S. R. (1993). The effectiveness of random, consecutive day and constructed week sampling in newspaper content analysis. *Journalism Quarterly, 70*, 133-139.

Schudson, M. (2001). The objectivity norm in American Journalism. *Journalism, 2*(2), 149-170.

Shoemaker, P. J., & Reese, S. D. (1996). *Mediating the message: Theories of influence on mass media content*. White Plains, NY: Longman.

Skovsgaard, M. (2014). Watchdogs on a leash? The impact of

organizational constraints on journalists' perceived professional autonomy and their relationship with superiors. *Journalism, 15*(3), 344-363.

Spurk, C., Lopata, S., & Keel, G. (2010). Measuring the 'democratic' quality of radio news: Experiences form Liberia. *Journal of African Media Studies, 2*(2), 173-192.

Sundar, S. (1998). Effect of source attribution on perception of online news stories. *Journalism & Mass Communication Quarterly, 75*(1), 55-68.

______(1999). Exploring receivers' criteria for perception of print and online news. *Journalism & Mass Communication Quarterly, 76*(2), 373-386.

Urban, J., & Schweiger, W. (2014). News quality from the recipients' perspective. *Journalism Studies, 15*(6), 821-840.

Wanta, W., & Hu, Y. (1994). The effects of credibility, reliance, and exposure on media agenda-setting: A path analysis model. *Journalism Quarterly, 71*(1), 90-98.

Wendelin, M., Engelmann, I., & Neubarth, J. (2015). User rankings and journalistic news selection: Comparing news values and topics. *Journalism Studies, 18*(2), 135-153. Retrieved from http://dx.doi.org/10.1080/1461670X.2015.1040892

5장

한국 신문 기사의 현실과 미래

기사 품질 성찰의 교훈과 과제

배정근

1장에서 자세히 다루었듯이 좋은 언론을 평가하는 기준은 어떤 관점과 척도를 가지고 접근하느냐에 따라 다양한 선택과 조합이 가능하다. 그렇지만 언론의 모든 활동은 결국 기사라는 최종 결과물에 농축되기 때문에 기사의 품질을 통해 좋은 언론을 평가하는 방법이 가장 합리적이다. 이번 연구는 신문의 품질을 객관적으로 평가할 수 있는 명확한 기준을 제시하고, 이를 바탕으로 국내 10대 종합 일간지의 품질 수준을 국제적 비교연구를 통해 확인했다는 점에서 의미가 있다. 이번 연구를 통해 확인된 한국 신문의 품질 수준을 종합적으로 평가하고, 그것이 주는 교훈과 과제를 짚어본다.

1. 한국 신문의 품질 수준

본 연구는 크게 취재원의 질과 정보의 가치 측면에서 기사의 품질을 평가했고, 특히 미국의 PEJ 지수를 적용한 결과를 별도로 살펴보았다. 전체 22개 평가 항목 가운데 취재원의 질을 평가하는 항목이 5개, 정보의 가치를 평가하는 항목이 7개, PEJ 지수 항목이 4개이며, 나머지 6개 항목은 형식적 특징을 살펴본 것이었다. 그 결과를 하나의 표로 정리한 결과가 〈표 5-1〉, 〈표 5-2〉, 〈표 5-3〉, 〈표 5-4〉다.

이번 연구에서 객관적으로 확인된 한국 신문의 품질 수준은 네 가지 결론으로 요약할 수 있다. 첫째, 국내 종합 일간지의 기사 품질은 미국, 영국, 일본의 대표적 신문들과 비교할 때 거의 모든 기준에서 크게 뒤처지는 열악한 수준이다. 전체 평가 항목 가운데 기사 품질과 무관한 형식적 특징을 제외한 16개 항목 모두에서 국내 신문의 성적표는 비교대상 외국 신문들에 비해 가장 저조한 수준을 보였다. 특히 모든 항목에서 최상의 수준을 보여준 미국의 뉴욕타임스와 비교하면 그 격차가 너무나 현격하다. 예를 들어 PEJ 지수만 보더라도 '투명 취재원'이 국내 신문은 평균 2.6개에 불과하지만 뉴욕타임스는 3배가 넘는 8.4개에 달하고, '이해 당사자 수'도 국내 신문이 2.6개인 데 비해 뉴욕타임스는 7.7개였다. '복합적 관점의 기사' 비율도 국내 신문은 17.1%이고, 뉴욕타임스는 58.3%다. 특히 '좋은 기사'(투명 취재원, 이해 당사자, 복합적 관점이 각 4개 이상 포함된 기사) 비율이 뉴욕타임스는 절반을 넘었지만 국내 신문은 7.5%에 불과했다.

〈표 5-1〉 국가별 PEJ 지수와 취재원의 질

품질 기준	PEJ 지수				취재원의 질				
					취재원 투명성		기사의 독립성		
분석 항목	투명 취재원(1)	관점 다양성(2)	이해 당사자 수(3)	좋은 기사 비율	토대 정보 신뢰성	토대 정보 취재원 실명	전체 취재원	독립 취재원	일반인 취재원
대표 문항	실명+ 준실명	복합적 관점	N	(1),(2),(3)이 각 4개 이상	확인 정보	실명	N	N	N
단위	개	%	개	%	%	%	개	개	개
국내 일간지	2.6	17.1	2.6	7.5	98.6	90.5	3.33	0.59	0.16
뉴욕타임스	8.4	58.3	7.7	55.6	100	100	12.14	4.24	0.81
더 타임스	4.3	40.7	3.9	31.5	100	98.6	6.11	2.22	0.11
아사히신문	3.8	13.9	3.1	9.7	98.8	92.3	4.10	0.83	0.25
통계적 유의도	***	***	***	–	–	*	***	***	**

1) 대표문항은 분석 항목의 여러 문항 가운데 가장 의미 있는 문항 1개를 선정한 것임. N은 개별 기사에서 측정한 숫자를 의미함.
2) 통계적 유의도는 통계 검증 수준을 보여주는 것으로 *=P〈.05, **=P〈.01, ***=P〈.001을 의미함. 줄친 표시(–)는 통계 검증이 불가능하거나 통계적으로 의미 있는 차이가 없다는 의미.

〈표 5-2〉 국가별 기사의 정보의 가치와 형식적 특징

품질 기준	기사의 정보의 가치							기사의 형식적 특징					
	맥락 제공		주관의 배제				독창성						
분석 항목	기사의 구성	심층성	인용구의 주관적 술어	익명의 부정적 인용구	제목의 직접 인용구	무주체 피동형 문장	정보의 독창성	유형	점프 기사	주제	갈등성	기사 길이	시각적 요소
대표 문항	분석 중심	원인 + 과정 · 결과 + 전망	N	N	없음	N	단독 정보	스트레이트	N	최다 주제	갈등 사안	문장 수	사진 있음
단위	%	%	개	개	%	개	%	%	%	분야(%)	%	개	%
국내 일간지	9.4	4.5	1.40	0.32	40.9	1.19	11.5	84.0	13.8	정치 (36.2)	58.6	15.8	14.1
뉴욕타임스	70.8	19.4	1.22	0	97.2	0	84.7	20.8	100	정치 (40.3)	73.6	68.0	1.4
더 타임스	31.5	13.0	0.72	0.15	100	0	94.4	87.0	64.8	사건 · 사고 (27.8)	57.4	27.1	14.8
아사히신문	51.4	13.9	0.85	0.10	86.1	0.82	11.1	72.2	2.8	사건 · 사고 (23.6)	48.6	17.5	9.7
통계적 유의도	***	***	***	–	***	–	***	***	***	***	*	***	***

〈표 5-3〉 국내 일간지의 PEJ 지수와 취재원의 질

품질 기준	PEJ 지수				취재원의 질				
					취재원 투명성		기사의 독립성		
분석 항목	투명 취재원(1)	관점 다양성(2)	이해 당사자 수(3)	좋은 기사 비율	토대 정보 신뢰성	토대 정보 취재원 실명	전체 취재원	독립 취재원	일반인 취재원
대표 문항	실명+준실명	복합적 관점	N	(1),(2),(3)이 각 4개 이상	확인 정보	실명	N	N	N
단위	개	%	개	%	%	%	개	개	개
경향신문	2.4	22.9	2.3	11.4	95.7	85.7	2.93	0.39	0.20
국민일보	2.9	15.3	3.1	5.6	100.0	95.8	3.85	0.75	0.15
동아일보	2.6	19.7	2.8	7.0	98.6	91.5	3.31	0.48	0.08
문화일보	2.4	13.3	2.8	8.3	98.3	93.3	3.20	0.55	0.0
서울신문	2.2	16.9	2.2	7.0	100.0	91.5	2.87	0.62	0.18
세계일보	2.3	20.8	2.5	9.7	98.6	87.5	2.94	0.36	0.17
조선일보	2.5	15.3	2.7	4.2	100.0	90.3	3.60	0.79	0.17
중앙일보	2.6	14.3	2.5	4.8	98.4	85.7	3.40	0.73	0.19
한겨레	3.3	19.7	3.3	12.7	98.6	91.5	4.24	0.66	0.27
한국일보	2.3	12.5	2.3	4.2	97.2	91.7	2.94	0.58	0.13
통계적 유의도	*	–	*	–	–	–	**	–	–

〈표 5-4〉 국내 일간지 기사의 정보의 가치와 형식적 특징

품질 기준	기사의 정보의 가치							기사의 형식적 특징					
	맥락 제공		주관의 배제				독창성						
분석 항목	기사의 구성	심층성	인용구의 주관적 술어	익명의 부정적 인용구	제목의 직접 인용구	무주체 피동형 문장	정보의 독창성	유형	점프 기사	주제	갈등성	기사 길이	시각적 요소
대표 문항	분석 중심	원인 + 과정 · 결과 + 전망	N	N	없음	N	단독 정보	스트레이트	N	최다 주제	갈등 사안	문장 수	사진 있음
단위	%	%	개	개	%	개	%	%	%	분야(%)	%	개	%
경향신문	14.3	1.4	1.09	0.30	55.7	1.64	14.3	84.3	4.3	정치(38.6)	52.9	14.89	22.9
국민일보	12.5	9.7	1.71	0.56	52.8	1.60	8.3	79.2	5.6	정치(37.5)	61.1	19.24	15.3
동아일보	8.5	7.0	1.48	0.31	46.5	1.42	9.9	85.9	12.7	정치(33.8)	56.3	17.32	9.9
문화일보	0.0	1.7	1.20	0.20	33.3	1.45	3.3	90.0	0.0	정치(30.0)	56.7	11.78	13.3
서울신문	4.2	7.0	1.31	0.30	32.4	1.01	8.5	81.7	18.3	정치(38.0)	45.1	13.85	7.0
세계일보	6.9	2.8	1.57	0.21	47.2	1.43	9.7	86.1	12.5	정치(43.1)	54.2	13.89	11.1
조선일보	15.3	5.6	.82	0.40	36.1	0.97	13.9	83.3	26.4	정치(30.6)	65.3	17.01	11.1
중앙일보	7.9	0.0	1.35	0.27	31.7	0.38	14.3	76.2	19.0	정치(38.1)	54.0	15.46	23.8
한겨레	9.9	5.6	1.68	0.34	36.6	0.92	19.7	84.5	26.8	정치(36.6)	70.4	18.23	8.5
한국일보	12.5	2.8	1.76	0.32	34.7	1.07	12.5	88.9	11.1	정치(34.7)	69.4	15.86	19.4
통계적 유의도	–	**	**	–	*	***	***	–	***	–	–	***	**

뉴욕타임스는 거의 모든 평가 항목에서 비교 대상 신문들을 압도하는 높은 품질 수준을 보여주었다. 왜 뉴욕타임스가 세계에서 가장 권위 있는 신문으로 인정받으며 독자들의 신뢰와 사랑을 받고 있는지를 깨닫게 한다. 각 평가 항목을 바람직한 척도에 따라 순위를 매기면 대체로 뉴욕타임스-더 타임스-아사히신문-국내 신문의 일관된 패턴이 나타났다. 16개 평가 항목 가운데 국내 신문이 꼴찌가 아닌 항목은 '관점의 다양성'이 유일했다. 복합적 관점을 가진 기사 비율에서 국내 신문이 17.1%로 아사히신문의 13.9%보다 조금 높았을 뿐이다.

둘째, 이번 평가 결과를 같은 방식으로 조사한 선행연구들과 비교해보면 지표가 나아진 경우는 드물고, 정체 상태이거나 악화한 경우가 많았다. 기사의 품질이 나아지기는커녕 오히려 퇴보하고 있다는 것이다. 예를 들어, 한 가지 관점으로 사안에 접근하는 '완전히 단일 관점' 기사의 비율이 1990~2007년 10대 종합 일간지를 조사한 연구(박재영·이완수, 2007)에서는 28.3%, 2003~2010년 6개 종합 일간지를 조사한 연구(박재영·이완수, 2010)에서는 34.7% 비율을 보였다. 그러나 이번 조사에서 '완전히 단일 관점'의 기사 비율은 59.9%로 크게 높아졌다. 바람직하지 못한 기사 비율이 과거보다 크게 증가했다는 얘기다. 기사에 등장하는 이해 당사자 수에서도 이번 조사 결과는 2.64개로 1990~2007년 3.6개와 2003~2010년 2.83개에 비해 적었다. '익명의 부정적 인용구' 사용도 1990~2007년 조사에 비해 이번 조사에서는 3.5배가 증가했으며, '무주체 피동형 문장'의 개수도 그때보다 7배 이상 많아졌다. 앞에서 나온 국내 신문의 '좋은 기사' 비율 7.5% 역시 1990~2007년 조사(8.1%)에 비하면 줄어들었다.

물론 2개 항목은 과거보다 지표가 개선됐다. '토대 정보의 신뢰성' 항목에서 확인된 정보 비율이 98.6%로 2003~2010년 조사(92%)에 비해 나아졌고, '주관적 술어 사용'도 기사당 평균 1.40개로 1990~2007년 조사(1.95개)보다 다소 줄었다. 하지만 개선 정도는 미미하다.

셋째, 국내 신문에서 일상적으로 등장하거나 널리 활용되는 일부 부정적 보도 관행이 외국 신문에서는 찾아보기 어려운 우리만의 일탈적 행태라는 사실도 확인됐다. 세계적인 언론의 흐름과 동떨어진 채 잘못된 관행을 고집하는 갈라파고스 현상Galapagos Syndrome이 심화하고 있다.

이번 조사에 포함된 국내 신문의 부정적 보도 관행은 '제목의 직접 인용구 사용', '무주체 피동형 문장', '익명의 부정적 인용', '인용구의 주관적 술어 사용'의 4개 항목이었다. 이 가운데 익명의 취재원이 한 부정적 발언을 인용하는 기사가 국내 신문은 3개 기사 가운데 1개 꼴로 등장하지만 뉴욕타임스에서는 한 건도 없었다. 글의 주체가 누구인지 불분명한 무주체 피동형 문장도 국내 신문에서는 기사 1건당 약 1.19개가 사용됐지만 뉴욕타임스와 더 타임스는 1건도 없었다. 취재원의 발언을 큰따옴표에 넣어 처리하는 직접 인용구 제목의 경우 국내 신문은 10건당 6건에 이를 정도로 일상화됐지만 더 타임스는 1건도 없었고, 뉴욕타임스의 경우도 단 1건뿐이었다.

넷째, 외국 신문과 국내 신문이 기사 품질에서 현격한 차이를 보인 것과 달리 국내 신문 간 비교에서는 10개 종합 일간지 사이에 뚜렷한 차이가 발견되지 않았다. 국내 신문들이 부수나 영향력 면에서는 차이가 있을지 몰라도 품질 수준에서는 오십보백보 수준이라는 뜻이다.

16개 품질 평가 항목 가운데 국내 신문사 사이에 통계적으로 유의미한 차이가 나타난 항목은 '전체 취재원', '투명 취재원', '이해 당사자',

‘기사의 심층성’, ‘인용구의 주관적 술어 사용’, ‘제목의 직접 인용구 사용’, ‘무주체 피동형 문장’, ‘정보의 독창성’ ‘좋은 기사 비율’ 등 9개다. 나머지 7개 항목에서는 의미 있는 차이를 발견할 수 없었다. 특히 뉴욕타임스처럼 모든 항목에 걸쳐 압도적 우위를 보이는 선두 매체는 보이지 않았다.

각 평가 항목별로 가장 높은 품질 수준을 보인 신문사를 꼽아보면 한겨레가 5개 항목으로 가장 많았다. 한겨레는 좋은 기사 비율(12.7%), 전체 취재원 수(4.24개), 단독 정보의 비율(19.7%), 투명 취재원(3.3개), 이해 당사자(3.3개)에서 가장 앞섰다. 반면 중앙일보는 제목의 직접 인용구 사용 비율(31.7%), 무주체 피동형 문장 수(0.38개)에서 부정적 행태가 가장 적었고, 조선일보는 인용구의 주관적 술어 사용(0.82개)이 가장 적었다. 이밖에 심층적 기사 비율은 국민일보(9.7%)가 가장 많았고, 기사에 등장하는 이해 당사자는 동아일보와 문화일보(2.8개)가 가장 많았다. 전반적으로 한겨레의 우수성이 두드러지지만 범위와 격차면에서 압도적이라고 하기는 어렵다.

결국 이번 조사에서 드러난 한국 신문의 기사 품질은 글로벌 기준에서 상당히 낙후한 수준이며, 과거에 비해 나아지기는커녕 오히려 퇴보하는 양상이다. 또한 국제 기준에서는 통용되지 않는 한국만의 부정적 보도 관행들이 여전하고, 신문사 간에 품질의 차별화가 이뤄지지 않고 있다는 것으로 요약할 수 있다.

2. 무엇이 문제인가

한국 신문의 품질 수준이 왜 이처럼 글로벌 수준에 뒤떨어지고 정체 상태를 벗어나지 못하고 있는지에 대해서는 다방면에서 심도 있는 논의가 필요할 것이다. 여기에서는 연구 결과에서 드러난 보도 양식과 내용이 내포하고 있는 문제점을 중심으로 그 원인을 짚어본다.

1) 정형화된 기사 양식의 제약

연구 결과로 드러난 한국 신문의 낙후성을 설명하는 일차적 해답은 기사의 형식적 특징에서 찾을 수 있다. 무엇보다 기사의 길이(문장 수)가 많은 부분을 설명한다. 국내 신문의 기사 길이는 뉴욕타임스의 4분의 1에 불과하고, 더 타임스와 비교하면 절반을 조금 넘는다. 기본적으로 기사의 분량 자체가 많으니 기사에 등장하는 취재원의 수가 많고, 그러다보니 투명 취재원, 이해 당사자의 수도 그만큼 차이가 나는 것이라는 주장이 가능하다. 실제로 이들 평가 항목에서 국내 신문과 뉴욕타임스의 격차는 3~4배로 기사량 차이와 엇비슷하다. 다른 평가 항목도 같은 해석이 가능하다. 기사의 분량이 제한되어 있으니 현상을 설명하는 데 급급해 심층성이 부족할 수밖에 없고, 다양한 관점을 제시하기도 어렵다.

그러면 국내 신문의 1면 기사 길이가 상대적으로 더 짧은 이유는 무엇일까? 역시 점프 기사를 거의 사용하지 않는 형식적 특징 때문이다. 외국 신문에서는 보편적으로 사용하는 점프 기사를 국내 신문들은 기피한다. 뉴욕타임스는 1면 기사 전부가 점프 기사로 다른 면까지 이어지고, 더 타임스도 점프 기사 비율이 64.8%에 달했다. 그러나 국내 신문은 그 비율이 13.8%에 그쳤다.

그렇다고 기사의 길이가 다른 모든 변수의 차이를 설명한다는 의미는 아니다. 국내 신문들이 관행적으로 비교적 길게 쓰는 1면 머리기사만 분석한 2006년 5개 종합 일간지 연구(박재영, 2006)에서도 투명 취재원의 수는 2.95개로 이번 조사(2.6개)와 큰 차이를 보이지 않았다. 또한 독립 취재원의 수는 뉴욕타임스가 국내 신문보다 7개나 많아 기사량의 차이로는 설명되지 않는다.

기사의 길이와 불가분의 관계를 가지면서 기사의 내용에 지대한 영향을 미치는 또 다른 형식적 특징은 기사의 유형이다. 국내 신문은 스트레이트 기사의 비율이 84%에 이르고 분석·해설 기사는 10.1%에 불과했다. 그러나 뉴욕타임스는 반대로 59.7%가 분석·해설 기사이고, 스트레이트 기사는 20.8%에 그쳤다.

일반적으로 스트레이트 기사는 사안의 핵심적 내용을 사실관계 중심으로 간결하게 보도하는 기사 스타일을 가리킨다. 그래서 스트레이트 기사는 사건 중심형 보도event-centered reporting의 성격이 강하다. 전형적인 사건·사고는 물론 일반적인 사회 현상도 사건·사고로 인식하고 기사화하는 경향을 보이기 때문이다(남재일, 2004). 특히 스트레이트 기사는 정보를 중요도에 따라 배열하는 이른바 역피라미드 구조로 작성하는데 국내 신문 1면 기사는 사실상 거의 전부(94~97%)가 역피라미드 방식으로 쓰인다(박재영, 2006; 박재영·이완수, 2007). 역피라미드식 기사 쓰기는 정보를 압축적으로 전달할 수 있고, 일정한 틀에 맞춰 신속히 기사를 작성할 수 있는 장점이 있다. 또한 기사의 편집과 레이아웃이 용이하고, 독자는 사안의 요점을 한눈에 파악할 수 있다.

반면에 경직되고 도식적인 기사 스타일은 개성과 다양성을 제약하고, 독자의 흥미를 반감시키며, 피상적 수준에 머물러 심층적 보도를 저해한다는 비판을 받는다. 특히 기자들이 '야마'라고 부르는 기사의 주제나 앵글에 맞춰 내용을 구성하고, 다른 관점이나 상반되는 사실은 처음부터 배제하는 현실 왜곡이 심각한 문제로 거론된다(남재일, 2004; 유선영·이오현, 2001; 이재경, 2006). 사안의 복잡성과 중층성을 외면한 채 단순 논리로 현실을 설명하거나 특정 관점만을 강요하는 결과를 낳기 때문이다. 이는 국내 신문에서 '완전히 단일 관점'의 기사가 절반(59.5%)을 넘는다는 이번 조사 결과에서도 여실히 드러난다.

그렇다면 한국 신문 1면이 스트레이트 기사로만 채워지는 이유는 무엇인가? 바로 스트레이트와 분석·해설 기사를 분리하는 모자이크식 편집 관행 때문이다(이재경, 2006). 국내 신문들은 1면에 보도할 정도로 뉴스 가치가 높은 사안은 스트레이트 기사만 1면에 다루고, 관련 분석·해설 기사는 안쪽 지면에 따로 싣는다. 또한 사안이 중대하면 중대할수록 관련 기사의 꼭지 수는 늘어나고, 더 많은 지면을 할애해 보도하는 것이 관행이다. 그래서 1면 기사가 스트레이트 뉴스만으로 채워졌다고 해서 분석·해설 기사를 다루지 않았다고 해석해서는 곤란하다.

사실과 맥락을 억지로 분리하는 이런 이상한 편집 방식은 종이신문 제작의 편리성과 효율성이 만들어낸 관행이다. 편집국 차원에서는 지면의 안정적인 배분 및 제작에 편리하고, 기자 입장에서는 기사 쓰기가 상대적으로 쉽다. 사안을 통합적으로 이해할 필요 없이 사실과 해설을 분리하고, 자신에게 할당된 꼭지 또는 자신의 취재 영역이나 출입처에 관련된 내용만 채우면 되기 때문이다. 예를 들어 증세 문제가 중요 현안으로 등장할 경우 경제부 기자는 재정 당국 입장에서, 여당 기자는 여당의 주장을, 야당 기자는 야당의 주장을 보도하는 식이다.

신문사와 기자 입장에서는 편리할지 몰라도 독자 입장에서는 모든 관련 기사를 다 읽지 않으면 사안을 종합적으로 판단할 수 없다. 하지만 현실에서 이렇게 기사를 읽는 독자들은 별로 없으며, 이는 종이신문으로 보는 것을 전제한 구시대적 관행이다. 인터넷과 모바일을 통해 개별 기사 단위로 뉴스를 소비하는 추세와는 전혀 맞지 않는다. 기자들 입장에서도 이런 관행에 길들여지면 사안을 폭넓고 깊이 있게 들여다볼 동기를 느끼지 못하고, 사실과 맥락이 잘 결합된 완성도 높은 기사를 쓰는 능력을 발전시키기 어렵다.

이렇게 본다면 한국 신문은 짧은 기사 길이, 사실 전달 위주의 보도, 도식적 기사 쓰기, 사실과 맥락을 분리하는 편집 관행 등 독특한 보도 양식이 품질의 발목을 잡고 있다. 즉 형식이 내용을 규정한다는 말처럼 형식적 제약이 질적 향상을 원초적으로 제약하고 있다.

2) 기사의 기본인 객관성과 공정성의 미비

이번 연구에서 한국 신문의 품질을 저해하는 요인으로 특히 주목해야 할 부분은 취재원의 질과 정보 가치에 대한 평가 결과다. 이 분야 세부 평가 항목들은 기사의 객관성과 공정성 같은 언론의 가장 기본적인 규범의 실천 수준을 보여주는데, 그 결과가 매우 실망스럽기 때문이다.

저널리즘 선행연구들에서 일관되게 지적된 것처럼 이번 조사에서도 국내 신문 기사에 등장하는 취재원은 절대적 숫자가 외국 신문에 비해 적고, 실명 취재원보다 익명 취재원이 훨씬 많았다. 취재원을 명확히 밝히는 것은 그 기사의 출처가 어디이며, 누구의 주장과 이해를 대변하는지를 공개하는 것이기에 객관성과 공정성을 담보하는 핵심 장치다. 사회 전반의 투명성이 낮은 현실에서 때론 취재원을 보호하기 위해 익명을 사용해야 하는 불가피성은 인정된다. 그러나 국내 신문 기사들은 예외적인 경우에만 허용되어야 할 익명 취재원이 별다른 거리낌 없이 일상적으로 사용된다. 기자가 익명을 요구하는 취재원에게 실명 보도를 설득하거나, 편집국 차원에서 익명 보도를 규제하는 시스템이 작동하는 경우는 우리 언론 현실에서 쉽게 볼 수 있는 일이 아니다. 익명 보도는 기자가 취재원의 발언을 임의로 변형하거나 심한 경우 조작을 하더라도 이를 확인할 방법이 없다. 그래서 익명 보도가 일상화하면 기자들은 가공의 취재원을 통해 자신이 원하는 내용으로 쉽게 기사를 쓰려는 유혹에 빠진다.

익명 보도의 부작용은 그 내용이 누군가를 공격하거나 비판하는 내용일 때 더욱 심각하다. 공격과 비판의 대상이 되는 당사자 입장에서는 그 발언의 진위를 확인하거나 반론을 제기할 기회조차 가질 수 없는 불공정한 기사다. 뉴욕타임스에서는 하나도 없었던 '익명의 부정적 인용'이 국내 신문에서 자주 등장한다는 조사 결과는 국내 신문의 공정성 의지가 부족하다는 증거다. 취재원의 발언을 인용하면서 중립적이지 않은 술어를 마음대로 사용하는 관행도 주관적 편파성이 개입할 소지가 높다.

이번 연구 결과에서 특히 우려되는 현상은 취재원의 발언을 제목으로 사용한 기사가 절반을 넘을 정도로 크게 늘었다는 사실이다. 제목은 기사의 전체 내용을 요약하거나 대표하는 기능을 하는데 기사의 특정 발언을 제목으로 뽑는 것은 과장과 왜곡의 위험이 있다. 그런데도 국내 신문에서는 이런 비정상적 제목 형식이 이제는 가장 정상적인 제목 양식으로 자리 잡았다. 직접 인용구 제목이 가지는 문제점을 기자들이 인식하지 못하고 있다는 방증이다. 인용형 제목은 발언 내용을 아무런 가공 없이 전달함으로써 객관적인 것처럼 위장하기 쉽다. 또한 인용한 발언이 자극적 내용이라면 독자의 관심을 끄는 유인 효과가 크다. 그러나 이런 제목은 기사에 대한 언론사의 검증과 판단을 포기하는 방관적 행위다. "취재원이 이런 발언을 했을 뿐 우리의 판단은 아니다"라는 면책 의도가 깔려 있다. 자극적이고 선정적인 제목으로 독자의 주목을 끌면서도 제목에 대한 책임은 회피하는 일석이조의 효과를 노리는 것이다(이준웅 외, 2007).

국내 신문들이 당연한 듯이 사용하고 있는 익명의 취재원, 직접 인용형 제목, 익명의 부정적 인용 같은 관행을 외국 신문에서는 찾아보기 어렵다. 저널리즘 원칙과 윤리에 어긋나는 행위로 언론사의 자체 취재 보도 규범 등에 의해 엄격히 제한하고 있기 때문이다.

3) 시민의 배제와 검증의 소홀

취재원 항목에 대한 조사 결과는 한국 언론이 누구의 관점에서 현실을 재구성하는지를 간접적으로 확인시켜주었다. 주로 이해 당사자인 취재원 관점에서 기사를 풀어나갈 뿐 객관적 입장에서 이를 평가하는 독립 취재원이나 시민의 관점은 거의 활용하지 않았다. 한국 신문 기사에서 독립된 취재원은 기사당 0.5개 수준이지만 뉴욕타임스는 기사당 4.2개나 된다. 더 타임스도 기사당 2.2개다. 시민을 의미하는 일반인 취재원의 경우도 뉴욕타임스는 기사당 0.81개이지만 국내 신문은 0.16개이다.

전통적으로 한국 언론은 관변 중심의 보도 관행으로 인해 정부기관 취재원이 절대다수를 차지하는 편중 현상이 심하다(임영호·이현주, 2001). 물론 정부 공식 취재원과 유명인사 등 파워엘리트에 취재원이 집중되는 현상은 미국의 경우도 크게 다르지 않다(Gans, 1979, Sigal, 1973). 그러나 이번 조사를 보면 국내 신문이 뉴욕타임스에 비해 시민의 관점을 거의 보도하지 않는다는 사실을 확인할 수 있다. 신문사들은 흔히 독자제일주의를 표방하고 독자를 대변한다고 자처하지만 실제 뉴스 생산에서는 독자 의견을 반영하는 데 인색한 것이다.

독립 취재원이 기사에 등장하지 않는다는 사실은 이해 당사자 취재원들이 규정하는 현실을 그대로 전달할 뿐 이를 언론의 독립적 관점에서 평가하고 검증하려는 노력이 부족하다는 방증이다. 2008년 광우병 사태에 대한 5대 일간지의 보도 내용을 분석한 이건호와 고흥석의 연구(2009)에서도 같은 결론이 제시됐다. 광우병은 과학적이고 전문적인 판단이 우선되어야 할 사안임에도 불구하고 전문가 취재원 비율은 권력기구(정부), 시민·사회 단체, 일반인에 이어 4번째에 그쳤다.

4) 기사가 제공하는 가치 부족

한국 신문의 품질이 낮다는 지적은 독자가 필요로 하는 가치 있는 정보를 제공하지 못한다는 의미와도 같다. 이준웅과 최영재(2009)는 한국 신문의 위기 원인을 진단하면서 방송과 인터넷 뉴스보다 우월한 가치를 수용자에게 제공하지 못하기 때문이라는 '저가치 제공설'을 제시한 바 있다. 이번 조사에서 정보의 독창성 항목을 보면 국내 신문은 자신들이 독자적으로 확보한 정보에 의존하는 단독 정보 비율이 11.5%에 그쳤고, 나머지는 공개된 정보(42.5%)와 재가공 정보(46%)에 기초했다. 이미 알려지고 공개된 사실에 조금 살을 붙이는 수준의 기사가 거의 대부분이라는 뜻이다. 반면 더 타임스는 94.4%가 독자적인 단독 정보이고, 뉴욕타임스도 그 비율이 84.7%에 달했다. 단독 정보란 기사 내용이 해당 신문에서 독자적으로 확보한 정보이거나 고유하게 기획해서 만들어낸 독창적 보도라는 뜻이다. 저작권을 인정받는 판단 기준은 해당 창작물의 독창성이다. 마찬가지로 다른 신문에서는 볼 수 없는 독창적이고 독점적인 기사를 제공해야만 독자에게 차별적 가치를 제공할 수 있는 것이 신문 산업의 특징이다. 한국 신문의 디지털콘텐츠 유료화 시도가 번번이 실패로 끝나는 이유는 무료 기사가 넘쳐나는 현실에도 책임이 있지만 고유한 가치를 갖는 품질 높은 기사를 생산하지 못하는 신문사 자체의 책임도 크다.

기사의 심층성에서도 마찬가지다. 신문 기사는 방송, 인터넷 뉴스에 비해 심층적인 내용으로 다루는 것이 큰 장점이지만 국내 신문의 심층성은 만족할 만한 수준이 아니다. 이번 조사에서도 국내 신문은 현상을 기술하는 수준의 과정·결과로 이뤄진 기사가 66%에 달했다. 반면 뉴욕타임스는 거기에 원인과 전망까지 곁들인 심층기사가 62.5%였다.

3. 한국 신문 왜 퇴보하나

그렇다면 경제와 문화 등 사회 각 분야가 글로벌 수준에서 비약적 발전을 이루는 동안 국내 신문은 진화를 멈추고 오히려 퇴행하는 이유는 무엇인가? 이 연구 결과와 무관하게 전반적인 언론 환경 변화를 중심으로 몇 가지 요인을 제시할 수 있다.

첫째는 신문 산업 차원의 환경 악화가 저널리즘 전반에 미치는 부정적 영향이다. 신문은 역사적으로 저널리즘 발전을 견인해왔지만, 지금은 미디어 기술과 지형의 파괴적 변화의 최대 희생자가 되고 있다. 무엇보다 현대 저널리즘의 발전을 지탱해준 광고 수입 모델이 붕괴하고 있어 심각한 경영 압박에 직면해있다. 제일기획 자료(제일기획, 2016)에 따르면 국내 전체 신문 광고비 지출은 1996년 2조 3,186억 원에서 2015년 1조 4,943억 원으로 40% 가까이 감소했다. 당연히 신문 산업을 선도하는 10대 전국 종합 일간지 매출도 감소 추세를 벗어날 수 없었다. 그로 인한 만성적인 경영난은 신문사들이 기사 품질을 포함한 R&D에 과감하게 투자할 수 있는 기반을 허물고 있다. 1997년 외환위기 이전과 비교하면 대부분 신문사가 기자 숫자 자체가 감소했고, 해외 특파원도 축소됐다.

빠른 속도로 변하는 미디어의 기술적 진보에 맞춰 뉴스의 내용과 생산 방식을 혁신하는 작업도 신문 기업에는 감당하기 어려운 과제가 되고 있다. 포털을 통한 뉴스 소비가 일반화하면서 신문사들은 뉴스 유통에 대한 지배력을 상실했고, 포털과 SNS, 팟캐스트 등 다양한 플랫폼 특성에 맞추어 뉴스를 생산해야 하는 입장이 됐다. 여기에 대응하기 위해서는 상당한 재정적·기술적 투자와 종이신문에 맞춰진 뉴스 생산 시스템과 관행의 일대 혁신이 불가피하다. '디지털 퍼스트' 같은 구호가 그러한 변화를 상징한다. 이를 절박하게 인식하면서도 신문사들은 변화에 수반되는 비용에 비해 미래 수익을 기대하기 어려운 현실적 딜레마를 풀지 못하고 있다. 모든 뉴스가 무료로 제공되는 온라인 뉴스 생태계의 특성으로 인해 신문사들은 종이 광고 수입을 대신할 새로운 수익원을 찾지 못하고 있다.

둘째, 신문사 조직 차원에서는 수익 창출에 몰두하는 상업주의와 정파성의 심화가 기사의 품질에 악영향을 미치고 있다. 경영난이 장기화하면서 많은 신문사 편집국에서는 수익 창출을 통해 경영에 기여하는 상업주의적 목표가 언론의 공적 역할 같은 저널리즘 가치보다 중시되고 있다(배정근, 2010). 역설적이게도 재정 사정 악화는 사주의 영향력을 강화시키고, 기자들이 회사 운명을 자신과 동일시하면서 자사 이기주의를 강화하는 결과를 낳았다. 과거에는 어느 정도 작동하던 편집과 경영의 분리 원칙이 사라지고 대신 편집과 영업 활동을 긴밀하게 연계하는 관행들이 생겨나고 있다. 광고를 매개로 해서 기업이나 정부기관, 단체 등을 일방적으로 홍보하는 기사들이 일반 기사와 섞여 버젓이 게재된다. 신문사들은 이런 행태를 생존을 위한 불가항력적인 일로 치부하지만 기사의 품질과 독자의 신뢰를 훼손하고, 기자들의 윤리의식을 마비시킨다는 점에서 심각한 문제다.

정파성의 심화도 신문에 대한 독자 신뢰를 훼손하고 기사 품질에 직접적 영향을 미친다. 신문의 정파성 심화가 어떻게 기사의 품질을 악화시키는지는 2006년 지방선거 보도를 분석한 이준웅 등(2007)의 연구에서 확인됐다. 이 연구에 따르면 한국 신문들은 특정 정파의 입장을 일방적으로 전달하는 직접 인용구를 기사 제목에 빈번히 사용했을 뿐 아니라 익명 취재원의 이야기를 제목으로 달기도 했다. 또한 1992년부터 2012년까지 다섯 차례의 대통령 선거 기간 동안 조선일보, 중앙일보, 한겨레 3개 신문 기사를 분석한 박재영, 안수찬, 박성호의 연구(2014)에서도 시간이 갈수록 모든 신문에서 '복합적 관점'의 기사가 감소하고 '완전히 단일 관점'의 기사가 현저하게 늘어나는 경향이 드러났다.

마지막으로 언론인 직업적 차원에서는 온라인 환경으로 인해 기자들의 업무 부담이 크게 증가했고, 속보 경쟁과 트래픽 경쟁이 가열되고 있다. 기자들은 종이신문과 다르게 24시간 끊임없이 뉴스를 생산해야 하며, 기사 송고는 경쟁사보다 빨라야 한다는 압박을 받는다. 또한 같은 기사를 다양한 채널 형식에 맞춰 여러 스타일로 만들어내야 하고, 동시에 많은 취재 시간이 필요한 심층적인 기획기사도 써야 하는 입장이다. 속보 경쟁의 압박이 초래한 참사는 '세월호 전원 구조'라는 비극적 오보에서 극명히 드러났다.

기사의 품질보다는 트래픽이 우선인 포털 뉴스 생태계의 특성은 신문사와 기자들이 기사 품질 향상에 노력할 유인 동기를 앗아간다. 물론 포털 공간에서는 신문사 브랜드보다 기사 개별 단위로 소비되기 때문에 기자 개인의 역량이 중요해지는 측면도 있다. 그러나 기자들이 많은 시간과 노력을 들여 작성한 우수한 기사보다 인턴 기자가 어뷰징 차원에서 만든 기사가 높은 트래픽을 기록하는 현실은 악화가 양화를 구축하는 현실을 보여준다.

4. 한국 신문 어디로 가야 하나

뉴스는 시장에서 상업적으로 거래되는 사적 재화이자 동시에 민주주의가 작동하는 데 중요한 역할을 하는 공적 재화의 성격을 가진다.

재화의 품질은 그 재화가 사용자에게 제공하는 가치에 달려있다. 따라서 뉴스의 품질에 대한 평가는 상업주의적 가치 측면과 공적 가치 측면을 모두 포괄하며, 그 결과는 대중의 신뢰로 나타난다. 마이어는 신문이 고품질의 정보 제공자로서 대중의 신뢰를 얻는 것은 사회적 영향력을 높이면서 상업적으로도 성공하는 조건이라고 지적했다(Meyer, 2008, p. 29).

그러나 국내 언론에 대한 대중의 신뢰 수준은 최악의 상태라고 해도 지나치지 않다. 최순실 씨의 국정농단을 집요하게 파헤쳐 현직 대통령을 권좌에서 물러나게 한 역사적 성과에도 불구하고, 대중의 차가운 시선이 달라지는 조짐은 보이지 않는다. 이번 연구 결과는 그 원인이 신문 기사의 품질 그 자체에 있다는 점을 일깨워준다. 신문이 독자에게 가치 있는 정보를 제공하지 못하며, 사회적으로도 공적 기능을 충실히 수행하지 못하고 있다는 것이다. 결국 지금 신문이 직면한 위기는 기술적·산업적 위기가 아니라 신뢰의 위기인 셈이다. 신문이 기사의 품질을 높여 대중의 신뢰를 회복하기 위해서는 전방위적인 자기혁신의 노력이 필요하다.

무엇보다 먼저 정확성, 객관성, 공정성 같은 저널리즘의 기본 원칙을 기사를 통해 실천하고, 구현하는 직업 규범을 정착시켜야 한다. 정확한 사실을 통한 진실 추구와 객관적이고 공정한 보도가 저널리즘의 기본 원칙임을 모르는 기자는 없다. 그러나 언론인들은 이런 원칙을 언론인으로서의 자세의 문제 혹은 선언적 의미 정도로 받아들일 뿐, 기사 쓰기에 반영하고, 기사 내용을 규율하는 실천 지침이라고는 생각하지 않는 경향이 있다. 이는 취재 보도의 절차적 정당성과 내용적 완성도를 중시하기보다는 기사의 신속성과 파급 효과 같은 결과를 우선하는 도구주의적 또는 결과지향적 직업 문화가 강고하게 자리 잡고 있기 때문이다.

문제는 속도가 강조되는 온라인 환경으로 인해 결과지향적 저널리즘 문화가 더욱 고착되고, 기사의 완성도와 질적 수준은 더욱 악화하는 경향이 나타나고 있다는 사실이다. 속보 경쟁에 쫓기거나 시간이 부족해서 인터넷에 떠도는 출처 불명의 정보를 사실 여부에 대한 확인도 없이 보도해 오보를 자초하는 사례가 그것을 말해준다.

기사의 품질과 완성도를 높이는 노력은 무엇보다 사실의 정확성에서 시작되어야 한다. 여기에는 기자 개인의 철저한 사실 확인 노력도 필요하지만, 무엇보다도 기사의 게이트키핑gatekeeping 과정이 충실하게 이뤄지고, 언론사 내부에 기사의 사실성을 확인하는 팩트체킹fact-checking 시스템이 작동해야 한다. 뉴욕타임스와 BBC 같은 권위 있는 언론사들은 인터넷에서 인용하는 자료의 사실 여부와 주요 기사의 정확성을 검증하는 내부 조직을 별도로 운영하고 있다. 국내에서도 중앙일보가 편집국에 팩트체커부를 신설하고 외부 전문가를 사외 팩트체커로 선정한 바 있다.

이와 함께 기사의 내용과 취재 과정에 대한 투명성을 높여야 한다. 언론은 그들이 취재하는 대상에는 투명성을 요구하면서도 정작 자신들의 활동에는 이를 적용하지 않는다. 이번 연구에서 그 심각성이 드러난 익명의 취재원 남용, 무주체 피동형 문장, 익명의 부정적 인용 등의 관행이 그 증거다. 취재원과 취재 과정을 투명하게 밝히는 것은 독자들이 기사 내용을 스스로 판단할 수 있는 단서를 제시함으로써 기사에 대한 신뢰도를 높일 수 있다. 투명성은 또한 기사에 대한 지적 정직성을 의미한다. 자신의 기사가 어떤 소스에 근거하고, 어디까지가 확인된 사실이며, 무엇이 부족한지에 대해서 정직하게 알려야 한다. 외국의 권위 있는 언론의 기사를 보면 기사의 근거가 되는 자료들이 모두 하이퍼링크 처리가 되어 있어서 기사의 원천을 독자가 직접 확인할 수 있는데 우리 언론에서는 이런 서비스를 찾아보기 어렵다.

기자들이 저널리즘 기본 원칙에 바탕한 기사 쓰기를 실천하려면 현재 선언적이고 원론적인 수준에 그치고 있는 취재 보도 준칙이 기사 작성에 적용할 수 있는 수준으로 구체화되어야 한다. 이런 점에서 최근 한겨레, 조선일보가 취재 보도 활동 전반에 걸쳐 상세한 기준을 제시하는 준칙을 새롭게 마련한 것은 바람직한 현상이다. 특히 지난해 말 조선일보가 제정한 '윤리규범'은 취재와 기사 쓰기 과정에서 지켜야 할 가이드라인을 322개 항에 걸쳐 방대하면서도 세밀하게 제시하고 있다. 물론 아무리 훌륭한 규범도 실천이 없으면 무용지물이기에 언론이 이를 얼마나 실천하는지는 사회적 감시가 필요하다.

기사의 내용과 스타일, 양식에 있어서도 과감한 창조적 파괴가 필요하다. 이번 연구의 의미 있는 발견 중 하나는 정형화된 한국적 기사 양식이 기사 품질 향상을 옥죄고 있다는 사실이다. 과거와 달리 뉴스와 정보가 홍수를 이루고 있는 새로운 뉴스 생태계에서 단순한 사실 전달 위주의 기사, 사실만 있고 맥락이 없는 기사, 경직되고 정형화된 기사 스타일은 더 이상 독자의 관심을 끌기 어렵다. 온라인에서는 기사가 개별 단위로 소비되기 때문에 스트레이트와 해설을 분리하는 종이신문식 기사 쓰기는 더 이상 유효하지도 않다.

새로운 뉴스 생태계에서 신문 기사는 양이 아니라 질로 승부하고, 유사성이 아니라 차별성으로 독자적 색깔을 강화해야 한다. 그러기 위해서는 탄탄한 사실성 위에 전문가적이고 심층적인 해설과 분석을 곁

들여 기사의 가치를 높여야 한다. 기사 스타일에서도 획일성을 벗어나 개성 있고 매력적인 글쓰기로 독자에게 글을 읽는 즐거움을 제공할 수 있어야 한다.

독자와 소통하고 협력하는 개방적 언론으로의 변신도 시급하다. 한국 신문은 그동안 독자를 계몽의 대상 또는 마케팅의 대상 정도로만 여기고, 일방향적인 정보 전달을 당연시해왔다. 지난해 벌어진 이른바 '한경오' 사태는 여러 해석이 가능하겠지만 독자와의 교감에 무신경한 올드미디어적 행태가 디지털시대 독자와 마찰을 빚은 사건이라고 보아야 한다. 독자가 참여하는 오픈저널리즘open journalism을 가장 먼저 도입한 영국의 가디언지는 크라우드소싱crowdsourcing 방식을 통해 독자들이 취재 활동에 참여하는가 하면 편집회의의 주요 내용을 독자에게 공개하고, 문화면의 책이나 음반 리뷰에 독자들의 의견을 받아 함께 게재하고 있다. 2014년에 미디어업계에 큰 화제를 불러일으켰던 『뉴욕타임스의 혁신보고서New York Times Innovation Report』(New York Times, 2014)의 핵심 주제는 독자의 참여engagement의 활성화였다.

국내에서도 신문사마다 독자위원회를 운영하고, 독자 옴부즈맨을 임명하거나 옴부즈맨 칼럼을 게재하는 등 독자에 대한 관심이 높아지고 있다. 그러나 일회성에 그치거나 보여주기식의 소극적 대응에 그치는 경우가 많고, 외국 언론이 하는 '에디터와의 대화' 같은 적극적인 소통 방식은 아직 활발하지 않다.

결론적으로 기사의 품질을 높이는 작업은 신문사의 몫으로 돌아갈 수밖에 없다. 기사의 품질을 높여 좋은 신문을 만드는 일은 모든 신문사가 원하는 목표이고, 내부적으로 부단한 노력과 투자가 있는 것도 사실이다. 그러나 많은 신문사의 사정이 수익 확대나 디지털 전환 같은, 당장 코앞에 놓인 과제를 해결하는 데 급급한 상황이어서 품질 향상은 후순위로 밀려있는 것도 사실이다. 신문사마다 많은 혁신의 시도들이 끊임없이 있지만 주로 조직이나 지면 개편, 디지털 기사 생산 같은 주제에 국한될 뿐 기사의 품질 자체에 초점을 맞춘 혁신 움직임은 찾아보기 어렵다. 이런 내부 논의를 활성화하고 채용, 인사, 교육 전반에 걸쳐 기자의 전문성을 높이고 고품질 기사를 만들어낼 수 있는 시스템을 구축해야 한다.

동시에 신문 기사 품질에 대한 사회적 관심과 지원도 중요하다. 신문은 여전히 우리나라 언론을 선도하고 있고, 온라인에서 유통되는 많은 뉴스의 원천 또한 신문이다. 지식사회 관점에서 보면 신문은 지식 생태계의 기초가 되는 뿌리 지식이며, 공동체의 현실 인식 구성에 지대한 영향을 미치는 공적 지식이다. 따라서 신문의 품질은 신문사 자체의 문제가 아니라 사회가 공유하는 공적 지식의 수준을 끌어올리는 공동체의 문제이기도 하다.

기사 품질에 대한 사회적 관심은 지원과 감시를 동시에 의미한다. 그 일차적 책임은 언론 현상과 저널리즘을 연구하는 학자들에게 있다. 지난 20년 가까이 신문의 품질이 퇴행했다고 한다면 그동안 학계에서는 과연 무엇을 했느냐는 비판으로부터 자유로울 수 없다. 언론 현장과 동떨어진 원론적 비판, 저널리즘 실행에 도움이 되지 못하는 이론적 논의에 매몰된 채 언론의 품질 하락을 수수방관한 책임을 피하기 어렵다. 그런 점에서 학자들이 자발적이고 독립적인 작업을 통해 좋은 기사에 대한 명료하고 객관적인 기준을 제시한 이번 작업이 한국 신문의 품질 개선에 다소나마 도움이 될 것이다. 그렇지만 본 연구가 기사의 품질을 계량적으로 검증 가능한 기준에 의해서만 평가했기 때문에 기사의 질적 부분은 다루지 못한 점은 한계로 남는다. 사실 기사의 품질은 많은 부분 계량화하기 어려운 주관적·질적 요소에 더 좌우된다. 예를 들어 기사의 정확성, 공정성, 전문성이나 글쓰기 수준 같은 기준들이다. 추후에는 이러한 질적 요소까지 포함하는 방향으로 품질 연구가 확대될 필요가 있다.

참고문헌

남재일(2004). 한국 신문의 객관주의 아비투스: 형식적 사실주의의 전략적 의례를 중심으로. 고려대학교 박사학위 논문.

______(2006). **한국 언론윤리 현황과 과제**. 서울: 한국언론진흥재단.

박재영(2006). 뉴스 평가지수 개발을 위한 신문 1면 머리기사 분석. 2020 미디어위원회 실행위원회 편. **한국의 뉴스미디어 2006: 한국 저널리즘과 뉴스미디어에 대한 연차보고서**(pp. 147-220). 서울: 한국언론진흥재단.

박재영·안수찬·박성호(2014). 대통령 선거보도의 기사 품질, 심층성, 공공성의 변화: 1992~2012년 국내 주요 신문의 경우. **방송문화연구, 26**(2), 33-66.

박재영·이완수(2007). **한국 신문의 1면 기사: 뉴스평가지수를 적용한 신문별, 연도별 비교**(1990~2007). 서울: 한국언론진흥재단.

배정근(2010). 광고가 신문보도에 미치는 영향에 관한 연구. **한국언론학보, 54**(6), 103-128.

유선영·이오현(2001). **새로운 신문 기사 스타일: 역피라미드 스타일의 한계와 대안**. 서울: 한국언론진흥재단.

이건호·고흥석(2009). 취재원 활용을 통해 살펴본 한국 신문의 보도시각 고찰. **한국언론학보**, 53(3), 347-369.

이완수·박재영(2008). 역피라미드 구조의 한계에 대한 이론적 논의. **커뮤니케이션이론**, 4(2), 122-154.

______(2010). **뉴스평가지수의 개발과 적용**. 서울: 한국언론진흥재단.

이재경(2006). 한미 신문의 대통령 취재관행 비교: 조선일보와 뉴욕타임스. **언론과 사회**, 14(4), 37-69.

______(2007). 한국 언론의 사상적 토대. **커뮤니케이션 과학**, 24, 5-28.

이준웅·양승목·김규찬·송현주(2007). 기사 제목에 포함된 직접 인용부호 사용의 문제점과 원인. **한국언론학보**, 51(3), 64-90.

이준웅·최영재(2005). 한국 신문위기의 원인. **한국언론학보**, 49(5), 5-35.

임영호·이현주(2001). 신문 기사에 나타난 정보원의 권력 분포. **언론과학연구**. 1(1), 300-330.

제일기획(2016). **광고연감**. 서울: 제일기획.

Gans, H. (1979). *Deciding what is news*. New York: Pantheon Books.

Meyer, P. (2008). **디지털시대 저널리즘 구하기**[*The vanishing newspaper: Saving journalism in the information age*]. 성동규, 김광협 역. 서울: 커뮤니케이션북스. (원저는 2004년에 출판).

Sigal, V. (1973). *Reporters and officials*. Lexington, KY: DC Health and Company.

| 에필로그 |

언론의 수준이 민주주의 수준을 결정한다

이재경

마틴 배런Martin Baron은 워싱턴 포스트의 최고 편집책임자executive editor다. 2013년 보스턴 글로브지에서 스카웃된 뒤 2018년 2월 현재도 워싱턴 포스트의 저널리즘을 책임지고 있다. 그는 2017년 2월 구글 본사에서 있었던 대담Talks at Google에서, 트럼프 정부의 백악관 안보 보좌관이던 마이클 플린Michael Flynn 장군을 사임시킨 포스트지 기사를 소개했다(Baron, 2017). 배런에 따르면, 이 기사는 플린 보좌관이 주미 러시아 대사와 국가 안보에 관련된 정보에 대해 대화를 나눴다는 사실을 단독으로 다뤘다.

배런은 구글사에서 있었던 대담에서 이 기사에 9명의 취재원이 사용됐다고 말했다. 트럼프 정부가 언론에 대해 강력하게 적대적으로 대응하는 상황에서 철저하게 사실을 교차 확인해야 했기 때문에 최대한 많은 취재원을 통해 확인하고, 또 확인했다는 것이 그의 설명이다. 이번 좋은 저널리즘 연구회 조사 결과를 보면, 한국 신문 가운데 한 기사에 9개 이상의 취재원을 사용한 사례는 거의 없었다. 안타깝지만 이러한 차이가 미국과 한국 저널리즘의 현주소가 현격하게 다르다는 현실을 보여준다. 인정하고 싶지 않지만, 한국 신문과 미국 신문은 기사에 투입하는 원재료의 품질에 근본적으로 다른 관행을 정착시켜왔다. 문제는 이러한 근본적 차이를 기사를 출고하는 기자도 기사를 소비하는 수용자도 알 수 없었다는 점이다. 『기사의 품질: 한국 일간지와 해외 유력지 비교연구』는 이러한 현실을 드러내기 위한 작업이었다.

배런의 이야기를 소개하는 또 다른 이유는 이러한 차이의 바탕에 편집책임자의 저널리즘 철학이 자리한다는 사실을 상기하기 위해서다. 배런은 현장 기자들이 취재하고 기사를 작성하는 보도 행위를 지휘하는 사람이다. 기사 품질에 대한 일차적 생산 책임은 당연히 현장 기자가 지겠지만, 그에게 좋은 기사의 기준을 제시하고, 지키도록 지휘하는 책임은 에디터의 몫이다. 구글사에서 열린 대담을 보면, 마틴 배런은 기자가 아닌 구글사 직원들을 상대로 처음부터 끝까지 워싱턴 포스트의 저널리즘 가치관과 기사의 품질 기준quality standards을 설명한다. 유튜브 채널을 통해 배런을 검색하면 이러한 내용의 강연 영상이 수십 편 검색된다. 역시 안타깝게도, 한국 신문 편집국장 가운데 그러한 설명을 공중에게 제공하는 사람은 아직 없다. 저널리즘의 가치를 편집책임자들이 공개적으로 전파하는 문화나 기회가 없기 때문이기도 하지만, 그러한 일이 우선적 가치를 차지하지 않기 때문으로 보는 것이 더 타당하리라 판단된다.

한국 신문의 기사 품질은 근본적으로 달라져야 한다. 취재원을 지금보다 적어도 2배는 더 많이, 그리고 훨씬 더 투명하게 사용하는 관행이 만들어져야 한다. 그렇지 않으면 떠나버린 독자의 신뢰를 회복하기 어려울 것이다. 또 정파 저널리즘이 한국형 정치 기사의 모델이 되어 버린 현실도 바꾸기 어려울 것이다. 저급한 기사가 지면의 대부분을 메우는 상황은 그러한 정보를 토대로 생활을 영위하고 주권을 행사해야 하는 시민들에게도 심각한 장애 요인이 될 수밖에 없다. 아직 정치와 사회 각 부문이 제대로 선진화하지 못한 한국에서는 이 문제가 더욱 심각한 것이 현실이다.

베헤쿠(Vehkoo, 2010)는 "한 사회의 민주주의는 그 나라 언론의 수준을 넘어서지 못한다"는 말을 했다. 그는 또 같은 논문에서 다음과 같은 쇼이어의 말도 소개했다.

> 저널리즘이 민주주의의 핵심 가치를 구성한다면, 그래서 언론이 없이는 민주주의 자체가 실천되지 못한다면, 뛰어난 저널리즘 또한 민주주의의 품질을 구성하는 중심 요소로 고려되어야 한다. 단지 표현과 언론의 자유만이 아니라 뛰어난 저널리즘이 반드시 민주주의의 기본 가치로 자리 잡아야 한다(Scheuer, 2008, xi).

이 책에서 제시하는 한국 신문 저널리즘의 수준은 패터슨(Patterson, 2013)의 저서에 소개된 "그는 이렇게 말했고, 그녀는 저렇게 말했다he said, she said reporting"는 보도 수준을 넘어서지 못한다.

존 맥퀘이드John McQuaid 기자는 '그는 이렇게, 그리고 그녀는 저렇게 말했다'는 방식의 기사 쓰기는 문제가 심각하다고 주장한다. 왜냐하면, 기사를 그렇게 일상적으로 쓰게 되면 말하는 취재원들은 자신에 유리하게 상황을 조작하도록 허용되고, 공중의 토론은 정파적 갈등이 구조화되어 사회적 합의에 도달하는 일이 불가능해지기 때문이다. 맥퀘이드 기자는 이 문제에 대한 답은 정치인의 자기중심적 사실 왜곡을 드러내는 데서 찾아야 한다고 말한다. 그러한 일을 하는 것이 기자의 의무라는 뜻이다(Patterson, 2013, p. 52).

다시 마틴 배런 이야기로 돌아간다. 배런은 2017년 10월 캘브 리포트Kalb Report라는 프로그램에 딘 베케이Dean Baquet 뉴욕타임스 편집인과 함께 출연해 독자의 신뢰를 얻기 위해 신문은 어떻게 해야 하는가를 비교적 상세하게 설명했다(The Kalb Report, 2017). 이 내용은 특히 우리 언론에서 제대로 소화하지 못하는 요소들로, 다음과 같다. 즉 배런의 핵심 주장은 "더 투명한 기사 전달"로 요약된다. 그는 언론사는 특히 인터넷 환경에서 읽는 독자를 배려해 기사 속에서 "우리가 누구인가를 설명해야 한다"고 말했다. 또 기사의 배경background을 최대한 정확하게 설명해야 하고, 기사에 사용된 문서documents나 음성 녹음audios 등도 기사와 함께 제공해 독자가 기사의 진실성을 검증할 수 있게 해주면 좋다고 말했다. 그는 여기에 덧붙여 독자가 어떻게 신문사에 연락할 수 있는지도 정확하게 제시해야 한다고 말했다.

『기사의 품질: 한국 일간지와 해외 유력지 비교연구』는 한국 저널리즘 생태계에 건강한 자극이 되기를 바라는 희망에서 기획됐다. 현장에서 일하는 기자들과 에디터들에게는 잠시라도 자신들의 일을 성찰하는 기회가 되기를 희망한다. 또 저널리즘에 관심을 갖고 있는 일반 지식인과 시민들에게는 한국 저널리즘의 현황을 체계적으로 이해하고, 더 나은 저널리즘으로의 방향에 대한 인식을 형성하는 계기가 되기를 희망한다.

참고문헌

Baron, M. (2017). Digital innovation at the Washington Post. Youtube posting, Talks at Google, February 22, 2017.

Patterson, T. (2013). *Informing the News*. New York: Vintage.

New York Times. (2014). *New York Times Innovation Report*. New York: New York Times.

Scheuer, J. (2008). *The big picture: Why democracies need journalistic excellence*. London, UK: Routledge.

The Kalb Report. (2017). Guardians of the fourth estate. Youtube posting, October 16, 2017.

Vehkoo, J. (2010). *What is quality journalism and how it can be saved*. Oxford, UK: Reuters Institute for the Study of Journalism.

| 찾아보기 |

[ㅍ]

[ㅎ]